قرآن

# 回教圏 イスラム教 早わかり

لا إله إلا الله محمد رسول الله

大日本回教協会

大活字
白黒反転版

2

目次

回教圏早わかり　4
序　11
回教徒分布状況　14
助言　26
第一章　回教とはどんなものか　31
回教の名称　32
回教の教義、信仰、勤行　39

回教の宗派 55
コーランとは何か 59
マホメットの生涯 66

第二章

回教徒の生活 85
回教徒の戒律 86
回教の暦 91
ラマダーンの断食 106

メッカ巡礼 118
回教徒の人情、風俗 129
回教徒の結婚 140
ハレムの中の回教女性 153
第三章 回教諸国の盛衰 163
第四章 回教圏とは何か 185
第五章 忍従を強いられた回教民族 195

第六章　いわゆる回教圏以外の各国における回教徒　201

日本の回教徒　202

満州国の回教徒　215

中国の回教徒　220

ソビエトの回教徒　226

インドネシアの回教徒　230

フィリピンの回教徒 235
インドの回教徒 239

第七章 回教国の産業と貿易 245
恵まれた回教国の産業資源 246
回教国と我が国との貿易 258
我が南洋貿易の重要性 271
日本茶と回教徒 289

回教諸国と我が経済ブロック 301
結論 309
日用アラビア語案内 316
大日本回教協会会則 322

# 表記について

回教＝イスラム教

回教徒＝ムスリム

（イスラム教徒）

回教寺院＝モスク

マホメット＝ムハンマド

サラセン＝イスラム

الفصل

序

# Introduction

左の図は1939年出版の

『回教圏早わかり』

掲載図をもとに作製

# 回教民族分布図

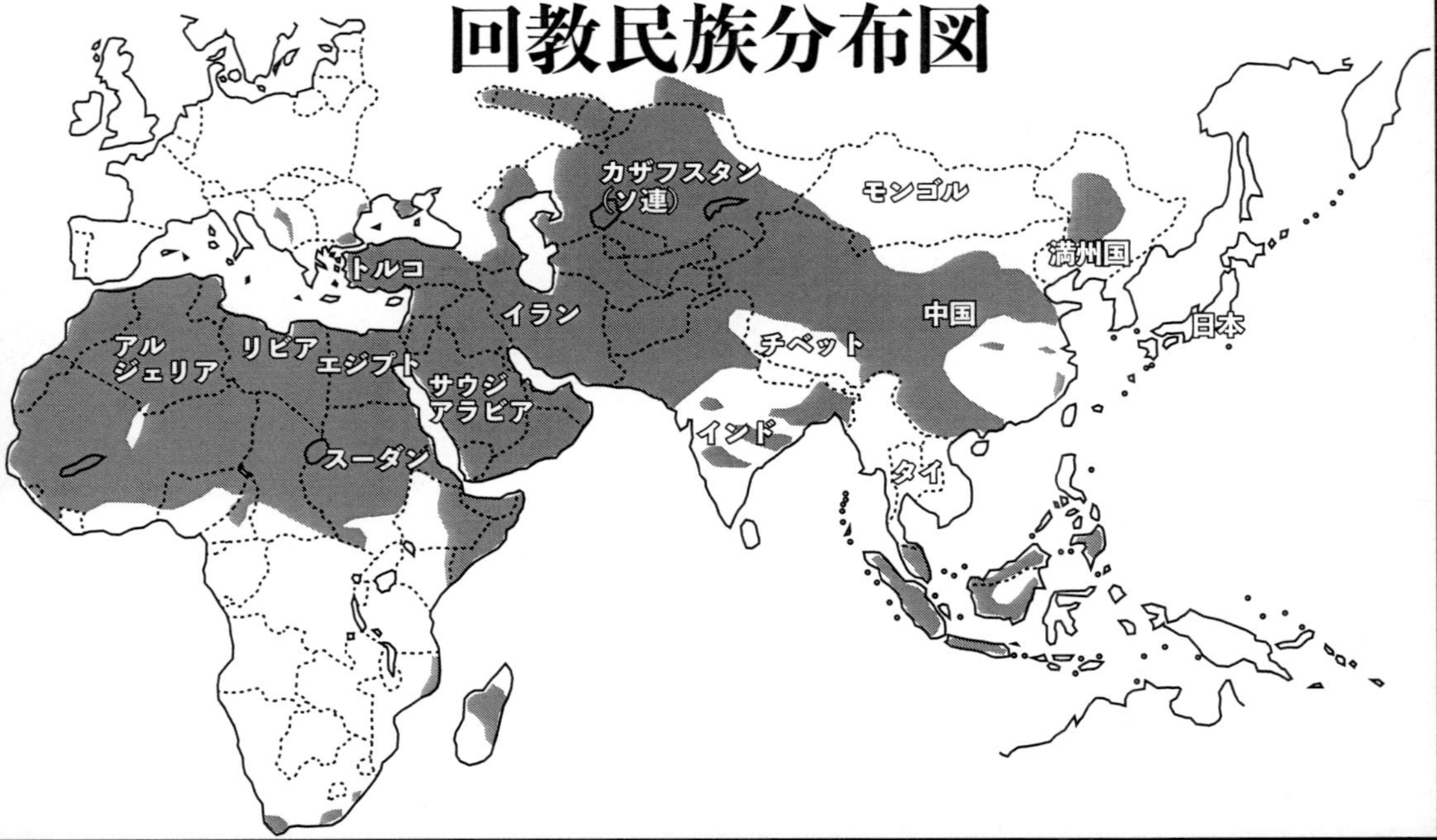

アルジェリア
リビア
エジプト
スーダン
サウジアラビア
トルコ
イラン
カザフスタン(ソ連)
インド
チベット
モンゴル
中国
満州国
タイ
日本

◆回教徒分布概況◆

一、独立国を形成しているもの

（総計の二三、三%）

トルコ　二千万人

イラン　一千五百万人

アフガニスタン　一千万人

イラク　三百万人
エジプト　一千五百万人
サウジアラビア　四百五十万人
イエメン　六百万人
計　七千三百五十万人

二、半独立状態にあるもの

（総計の〇、五％）

ハドラマウト　四十万人

トランス・ヨルダン　五十万人

オマーン　六十万人

計　一百五十万人

三、他国の植民地となり
その統治下にあるもの

A　イギリス領（総計の二九、八%）

インド　七千七百万人
マレー　二百五十万人
アデン地方　四十万人

バレスタイン　九万人

スーダン　四百五十万人

ソマリランド　四十万人

ケニア・ウガンダ・タンザニア　一百五十万人

ナイジェリア　七百七十万人

その他　四十万人

計　九千五百三十万人

B

フランス領（総計の八、二%）

アルジェリア　六百五十万人

チュニジア　二百五十万人

モロッコ　六百万人

シリア　二百五十万人

インドシナ　三十万人

西アフリカ　六百四十万人

東アフリカ　一百万人

ソマリランド　三十万人

マダガスカル　七十万人

計　二千六百二十万人

C　イタリア領（総計の一、六％）

リビア（トリポリ、キレナイカ）　六十万人

ソマリランド・エリトリア・エチオピア　四百七十万人
アルバニア　九十万人
計　六百二十万人

D

D　オランダ領（総計一八、八％）
インドネシア　六千万人

E　ポルトガル領（総計〇、二%）
モロッコ　七十万人
F　ソビエト領（総計の一二、七%）
中央アジア・コーカサス　二千万人

四、その他各国に少数民族として
介在するもの（総計一一、三％）
中国本部　一千万人
中国辺境地方　二千万人
満州国　三百万人
タイ　四十万人
ユーゴスラビア　一百五十万人

ブルガリア　三十万人
ルーマニア　二十万人
ギリシャ　一十万人
その他に散在せるもの　五十万人
計　三千六百万人

総計　三億一千九百四十万人

◆助言◆

晩近《ばんきん》世人の回教徒および回教圏諸問題に対する関心がいちじるしく高まってきた。本協会はつとにパンフレット、回教世界の発行、講演会、座談会の開催等あらゆる機関、機会を利用して回教圏対策の必要性を強調してきたが、一般邦人の認識にいたっては未《いま》だしの感が深い。もちろんこれには種々理由もあるだろうが、従来回教圏問題を平明適切《へいめいてきせつ》に紹介した書物がなかったのも一つの原因であるといえる。

回教圏展覧会開催を機として、回教圏諸事情をかんたんに説述する回教圏早わかりを発行することとした。これにより世人の回教圏に対する認識が幾分にでも深められるならば幸甚《こうじん》である。蒼惶《そうこう》の間、また紙数の都合上充分その意をつくすことができなかった点大方のご宥恕《ゆうじょ》をこう次第である。

大日本回教協会

الفصل ١

# 第1章

# 回教とはどんなものか

# What is Islam ?

## ◆回教の名称◆

回教とは中国人の称《とな》えた回々教《フイフイきょう》の略称で、回々の宗教という意味であるが、正しい名称はイスラム教というのである。

これはアラビア語の『アスラーマ』から来ている言葉で、神に帰依《きえ》することを意味し、神に帰依して人に善を施《ほどこ》し、迷うことなく平和な心をもつ人をムスリムというのであって、このイスラム教を西欧人は教祖の名をとって、マホメット数とも呼んでいるが、教徒たちはこれを喜ばない。イスラムの意味をとって、中国では清真教《せいしんきょう》、伊斯蘭《イスラム》等と称している。回教という名称は、日本と中国における回教徒以外の者にもちいられているだけである。

教祖のマホメットは自ら新宗教を創立《そうりつ》せりとは決していっていない。彼は神の啓示《けいじ》せし古えよりの宗教を唱道《しょうどう》するものであるとし、コーランの中の『我らはアブラハムの宗教にしたがう、アブラハムは偶像信者《ぐうぞうしんじゃ》にあらず、正統なる敬神者《けいしんじゃ》なり。我らは神を信ず、また我らに示されたる神を信ず。アブラハム、イスマエル、イサク、ヤコブその他の種族に示されたる神を信ず。モーゼまたはキリストに示されたる神を信ず。主より預言者《よげんしゃ》に示されたる神を信ず。我らはその間に差別をおかず。我らはすべてを神に委《ゆだ》ねまつるなり』とあるは教祖開教《かいきょう》の意志である。なお、また『我なんじらに教としてイスラムを撰《えら》べり』とコーランにあるので、これをイスラム教名の典拠《てんきょ》であると説くものもあるが、一説には唯一神が人類の始祖アダムにあたえた教が、その後堕落《だらく》したのでアブラハムが復興し、これをその子イスマエルに伝え、それより再び堕落したのをマホメットが再興したという経路から、イスマエルの教を奉《ほう》ずる宗教と称していたのが転訛《てんか》して『イスラム』となったという説もある。

中国人がなぜ回々教と称したかというに、中国に回教の入ったのは唐朝時代で、その後新疆《しんきょう》地方の住民回紇人《ウイグルじん》がイスラム教を信仰したので回紇人の宗教と称せられ、これが転化して回々教なる名称が生じたといわれる。しかしながら中国の回教徒は教名を天方教《てんほうきょう》と称し、またその内容から清真教と称え、回教の寺院を清真寺と呼んでいる。

## ◆回教の教義・信仰・動行◆

回教の教名イスラムは前に述べたごとく、平和、安全、救済、恭敬《きょうけい》等を意味するもので、平和教、安住《あんじゅう》の教ともいうべきで、非平和的宗教のごとく伝えられているのは、白人異教徒の悪宣伝《あくせんでん》の結果である。コーランの中にも『信仰は強制せらるべきものにあらず』と啓示されている。

回教は唯一神アラーを信ずる教で、回教徒は世界の一切の現象、日常生活、また個人の精神まで、すべてこのアラーの支配下にあると信じて疑わない。人間の運命と行為とは神意《しんい》によるものであるとし、預言を信じ、絶対に偶像崇拝を退ける。その信仰箇条《しんこうかじょう》は十箇条規定され、最初の六箇条は『信仰』に関することで、終わりの四箇条は『勤行《ごんぎょう》』すなわち戒律《かいりつ》である。

## 信仰《しんこう》

『アラーを信ずること』
『天使を信ずること』
『コーラン（経典）を信ずること』
『預言者を信ずること』
『復活および最後の審判を信ずること』
『宿命を信ずること』

勤行《ごんぎょう》

『祈祷礼拝《きとうらいはい》』
『喜捨』
『断食』
『巡礼』

右のごとく、回教の教義は信仰と勤行の二つから成立しているのである。

第一　アラーを信ずること。
アラーは全智全能《ぜんちぜんのう》の絶対神で、何人もこれに抵抗することはできない。これは回教信仰の根幹《こんかん》をなすもので、マホメットは常に一本の指を示し『神のほかに神なし』と説き、コーランの第一には『マホメットは神の道を伝うる預言者なり』と示している。回教に帰依《きえ》するものは、第一にこの経文を称《とな》えて宣誓するのである。アラーとは、古えよりアラビアの各部落に崇拝せられた自然であったが、マホメットにより唯一至上神《しじょうしん》に統摂《とうせつ》されたのである。

第二　天使を信ずること。
天使とは神より地上に遣《つか》わされたる使いで、アラーに奉仕する清浄無垢《せいじょうむく》の霊魂である。復活の天使、保護の天使、死を司《つかさど》る天使、復活のときラッパを奏《そう》する天使、善悪を記録する天使、信仰の有無を試問《しもん》する天使があり、これら天使を信ずることによって、はじめて天啓《てんけい》を信じえるもので、天使の信仰は神の信仰とともに回教の大切な信仰箇条《しんこうかじょう》である。

第三　コーランを信ずること。

コーランは回教の信仰指導書であり、法典であり、教徒の生活規範書《きはんしょ》である。（コー

ランについては後述）

第四　預言者を信ずること。

預言者とは神が地上の人間を教え導くために人間として遣《つか》わされたもので、預言者は天使を通じあるいは夢想、霊感によって神の言葉を聞き、これを人間に伝えるものである。

第五　最後の審判と復活を信ずること。

来世《らいせ》に対する信仰である。最後の審判の日が来ると、神は各天使の調書《ちょうしょ》によって各々の霊の審判を行ない、それぞれの肉体にあたえる判決にもとづいて天国または地獄に送るのである。

第六　宿命《しゅくめい》を信ずること。

宿命は、人事をつくして天命を待つという意で、これが回教の天命の本義である。

以上は信仰の説明であるが、回教は実践的《じっせんてき》宗教である。次に勤行《ごんぎょう》の四箇条を述べよう。

第一　祈祷礼拝《きとうらいはい》

マホメットは『祈祷は宗教の柱にして天国の鍵なり』といっている。回数は偶像を極力排斥するため、礼拝の対象となるべき像をもたない。各人は毎日五回聖地メッカの方向に向かって礼拝を行なう。

### 第二　喜捨《きしゃ》

喜捨は施物《せぶつ》ともいい、収得《しゅうとく》の十分の一を標準としている。喜捨されたものは、失業救済《しつぎょうきゅうさい》、貧民施療《ひんみんせりょう》その他一般社会事業、また宗教の弘通費《ぐずうひ》として使用される。

## 第三　断食

回教徒は回教暦の九月（ラマダーン）の一ヶ月間、断食して修業をなす。もっとも断食は昼間で日没後《にちぼつご》は軽い食物を採ることは許されている。

## 第四　巡礼

巡礼は聖地巡礼の戒律であって、回教信仰の中心地であるメッカにあるカーバ聖殿およびマホメットの墳墓《ふんぼ》の地メディナに参拝することで、巡礼の期日は回暦の十二月である。

## ◆回教の宗派◆

回教の宗派は七十三派にわかれていると、マホメットは生前《せいぜん》弟子たちに予言したといわれているが、事実は七十八派にわかれている。

これを大別してみると、スンニ派とシー

ア派すなわち正統派と分離派に二大別することができる。現在、世界の全回教徒は約四億といわれているが、その九十一%はスンニ派に属し、八%がシーア派、その他の宗派が一%となっている。

スンニ派に属する民族は、アフガン、トルコ、アラビアの大部分、インド北部の回教徒、南洋および中国の回教徒である。シーア派に属する民族は、主としてイランすなわちペルシャ人である。シーア派とスンニ派は宗派が異なることく、教主権の相続問題、信仰箇条《しんこうかじょう》の細かい点でいろいろ相違している。一般戒律に対しても、シーア派はスンニ派に比して自由である。ある程度の生活の自由を認められているシーア派教徒の自由主義は、おそらくイラン人の血の中にひそむ国民性から出ているものであらう。

58

## ◆コーランとは何か◆

コーランとはユダヤ語のカラーと同意義で、『読む』または『集《あつ》む』の義である。回教の聖典として、回教徒が遵奉《じゅんぽう》する『聖なる書』で、回教徒の日常生活の規律であり、信仰箇条を示すものとして、あまねく教徒間の尊敬と信奉《しんぽう》の目的となっている。
この書は左の五つの思想に立脚して記されたものである。

一　宇宙の創造主たる
唯一神を信ずること。

二　人間相互の慈恵親和《じけいしんわ》を

旨《むね》とすること。

三　煩悩罪障《ぼんのうざいしょう》を禁制すること。

四　報恩謝徳《ぼうおんしゃとく》を行なうこと。

五　未来世《みらいせ》を信ずること。

コーランは全部メッカで使用されたクライシュ族のアラビア語で書かれ、マホメットが預言者の資格のもとに、アラーから啓示された言葉であると信ぜられている。その内容は章《しょう》と句《く》とからなり、章は百十四にわかれているが、句は章によってその数は一致していない。各句美しい韻《いん》をもっており、文学としても立派なものである。

回教徒はコーランは神によって記され、

神の命によって天使がくだしたもうたものと信じているので、この経典に対する態度はもっとも敬虔《けいけん》で、読誦《どくしょう》するときは斎戒沐浴《さいかいもくよく》し、少なくとも口をそそぎ、両手を浄《きよ》め、礼拝したのちでないと読まない。コーランの表紙には『浄めざるものをして触れしむることなかれ』と書いてある。

これを捧《ささ》ぐるときは、決して自分の帯《おび》より下にすることを禁ぜられ、信者の誓いはこれに接吻することで、軍隊はコーランを戦勝の護符《ごふ》として携帯し、また、軍旗に一句を記して軍隊を鼓舞《こぶ》する。人智で容易に決することのできないときは、無意識にこれをひらいて、その文字を読み、その善悪を判断するなど、神聖にして犯すべからざるものとされている。

## ◆マホメットの生涯◆

マホメットは西紀五七〇年の八月二九日、メッカの地に誕生したと伝えられている。マホメットが生まれたときには、父親のアブドゥッラーはすでにこの世の人ではなく、母親のアーミナがただ一人残っていた。当時、彼の家はメッカの町を支配していたクライシュ族であるハシーム家に属し、彼の祖父は有力なる官職に就いていた。母はマホメットが六歳のとき永眠したので、彼はわずかの遺産である一人の女奴隷と一頭のレイヨウをつれて、祖父のアブドゥル・ムッタリブのところに行った。そして、三年の間祖父の膝下《しっか》で養われたのであったが、不幸な孤児マホメットに幸運は訪れなかった。祖父の死は、またマホメットを叔父アブー・ターリブのところに追いやったのである。

マホメットの一門は昔から名門であったが、祖父も父も、また叔父も貧乏だった。

マホメットは貧しい叔父を助けて、家畜を監視したり、使い走りまでした。そして、青年になったマホメットは読み書きする暇もなかったので、普通の人よりも物事《ものごと》を知らなかった。それだけ、彼はすべてのことに内気な考え込む性質になっていた。それは若いときから逆境《ぎゃっきょう》に育ってきた結果かもしれない。

内気な青年マホメットが二十五歳のころ、メッカにいた富裕《ふゆう》な商人の寡婦《かふ》ハディージャに手代《てだい》として雇われたのである。彼は懸命に働き、ハディージャの信用を得、遠くシリア地方にまで商用で旅行した。彼は旅行中、キリスト教やユダヤ教徒たちと交際をし新しい宗教に目覚めたのであった。その後、まもなく彼は四十歳のハディージャと結婚した。

この結婚は、孤児のマホメットにとって心の糧《かて》であった。とともに、愛妻のたくわえた巨万の富をも得、一躍《いちやく》メッカの人々から注目されるようになった。マホメットは生まれつき商才に富んでいた。ハディージャと結婚してからはますます家が富み、幸福な商人となった。ハディージャは前の結婚生活によって二人の子をもっていたが、マホメットによく仕え、マホメット自身の血を承《う》けた子供も生んだ。こうした幸せな生活が十五年間つづき、二人の間には三男四女《さんなんよんじょ》があげられたのであった。

けれども、この幸福はマホメットの心に満ち足りたものではなかった。生まれつきの内気な性質は、彼をめぐる周囲に対して心の痛みとしてうずいてくるのだった。

マホメットの心の痛みは何であったか。そのころ、メッカの町はアラビア隊商のメトロポリスであった。このメッカの支配階級《しはいかいきゅう》であるクライシュ族は、豪商アブー・スフヤーンを中心として独占団体をつくり、隊商から貿易の巨利を占めていた。そして、富と権力とを濫用《らんよう》して民衆を圧迫し、豪奢《ごうしゃ》と不徳の生活をしていた。名門に生まれながら幼いときから貧苦《ひんく》と闘い、生活に苦しむ人々の姿をまざまざと見てきたマホメットは、これらの不正不徳《ふせいふとく》をひそかに嘆いた。悲惨な民衆の姿を見るに忍びなかった。そして煩悶《はんもん》した。その煩悶はマホメットに教えた。

『自分だけ安住の地におり、おのれ独り幸福な家庭に閉じこもるべきではない』

かくて、彼は夜ごとにメッカの近郊にあるヒラーの丘の洞窟に静坐《せいざ》して、深い瞑想にふけり、この大きな問題の解決の鍵をつかもうと決心したのである。平凡な商人マホメットは、こつ然と自分の職業をなげうち、髭を剃らず、衣服も着替えず、沙漠の中を彷徨《ほうこう》し、洞窟の中にこもっては瞑想にふけったのだった。

ある夜、マホメットは瞑想の中で、アラーの神の啓示《けいじ》を得たのである。平凡な商人マホメットの気質はたちまちの間に大変化をきたし、一夜にして神の使徒となり、天才的政治家となり、輝かしい武将となった。

愛妻のハディージャはマホメットが神から

預言者として、この世に遣《つか》わされた使徒であることを、最初に心から信じたのである。愛妻の次にマホメットの信仰の人となったのは、叔父の息子で従弟のアリーであった。彼は神の啓示を説き、周囲の人々を誤《あやま》れる生活から救済しようと起ちあがったけれども、マホメットの前途には荊棘《けいきょく》の道があった。支配者で富豪のクライシュ族はマホメットを迫害した。その迫害に抗《こう》して彼は敢然《かんぜん》と立ち、社会悪を攻撃し、偶像崇拝の非を叫んだ。

かくして、マホメットはメッカを逃れてメディナに移った。西暦紀元六百二十二年でこの年が回教紀元元年である。メディナにおいてマホメットは町の長《おさ》として非凡な政治家としての手腕をふるったのである。メッカはメディナを憎み、機会あらばメディナを陥落させようと、手段を講じて攻撃してきた。西紀六三〇年、メッカの人々が、メディナの住民を多数殺害した。それが原因となって、メッカ征服の火蓋《ひぶた》が切られた。マホメットは一万の精鋭《せいえい》をひきいてメッカに向かった。が、ほとんど一戦を交えずして、メッカはマホメットの聖旗《せいき》のもとにくだった。かくて、十万の信徒がマホメットのもとに馳《は》せ参じた。

マホメットはこれら信徒に

『妻を愛せよ、奴隷を優遇《ゆうぐう》せよ、回教徒は

わが同胞である』と叫んだ。

マホメットは西記六三二年六月八日、六十年の生涯を閉じたのであったが、彼が布教に専念してから死にいたるまでのわずかな生涯の間に、東はペルシャから西は北アフリカ、トリポリより遠くスペインにおよぶような政教一致の大サラセン帝国の基礎を築いたのであった。

# 第2章 الفصل ٢

# 回教徒の生活

# Life of Muslim

## ◆回教徒の戒律◆

回教の戒律《かいりつ》は、他の宗教とほとんどかかわりはないが、教徒たちはこの戒律を厳重に守ることを掟《おきて》としている。

回教においては罪悪は、種々に分類されるが、大罪は、アラーに対する不信、神恩《しんおん》の忘却、殺生、邪淫、窃盗、飲酒、偽証《ぎしょう》、偽誓《ぎせい》、不孝、貪婪《どんらん》、魔法、変態的行為等である。

食物に関しては厳重な掟があり、如法《ハラル》と不如法《ハラム》とに定められ、鳥獣《ちょうじゅう》を屠殺《とさつ》する場合など一定の法式があって、この法式によらないものは不如法なりとされて絶対に食用

に供《きょう》せられない。また豚肉は不浄のものと
して、決して回教徒の食卓に載せられない。
アヘンや酒類もすべて不如法《ハラム》（大禁）であ
る。喫煙もキリスト教と同様に禁ぜられて
いるが、時には如法《ハラル》として許されている。
前述したごとく、中国では回教のことを
清真教《せいしんきょう》ともいい、回教徒の出入する宿屋、

飲食店等にはすべて『教門《きょうもん》』または『清真館』という看板が門口に掲《かか》げられている。これは、回教徒が豚肉を食らわず、一般に羊肉《ようにく》を常食し、しかも、回教徒の手で呪文を唱えて屠殺《とさつ》したものでないと食ってはならない戒律があるため、かくのごとき看板を掲げて、安心して教徒が食事をとれるようにしたのである。つまり、回教徒の宿屋、飲食店ということを明らかにしているのである。中国の回教徒に、屠殺者が多いのは宗教的生活に基因《きいん》するためであらう。

## ◆回教の暦◆

回教の暦は古代からのアラビアの暦法《れきほう》をもちい、計算は陰暦《いんれき》である。一年を十二月に分かったのは太陽暦と同じであるが、回教暦の一年は三五四日で、太陽暦より十一日少ない。

一月　ムハッラム　三十日
二月　サファル　二十九日
三月　ラビー・アルアッワル　三十日
四月　ラビー・アッサーニー　二十九日
五月　ジュマーダー・アルウーラー　三十日
六月　ジュマーダー・アルアーヒラ　二十九日
七月　ラジャブ　三十日

| | | |
|---|---|---|
| 八月 | シャーバーン | 二十九日 |
| 九月 | ラマダーン | 三十日 |
| 十月 | シャッワール | 二十九日 |
| 十一月 | ズー・アルカーダ | 三十日 |
| 十二月 | ズー・アルヒッジャ | 二十九日 |
| | 合計 | 三五四日 |

一年三百五十四日では、太陽の運行よりも進みすぎるから、三十ヶ年に十一回の閏年《うるうどし》をもうけ、二年または三年ごとに第十二月の日数を一日増加している。けれども、一般の陰暦のごとく、閏月《うるうづき》を追加する制度がないから、回教暦の月日と気候との関係は年々少なからず移動している。

月のはじめは、新月の出現をもって毎月の一日とし、太陽の西に没《ぼっ》する時刻を一日のはじめとしている。時刻は一時より十二時を一昼夜《いっちゅうや》に二回かぞえる。ただし、正午が十二時ではなく、事実上の日没、またはそれより四分後に叫ばれる日没の礼拝《らいはい》の呼声《こせい》の聞こえるときを十二時としている。

回教暦が世界一般の暦と一致するのは、週の区分で、七日をもって一週とし、日曜日を第一日と呼び、金曜日を『集まりの日』とし、ユダヤ教の土曜日およびキリスト教の日曜日に該当《がいとう》する特定の礼拝日とされている。月、水、木、金は吉日《きつじつ》。日、火、土は不吉な日と信じられている。

第一月（ムハッラム）は、『禁止された』また『神聖なる』という意味をもつ月で四聖月の一つである。この月に争闘《そうとう》、戦争するのは不法とされている。回教徒はこの月を非常な吉月とし、回教の一派たるスンニ派は、最初の十日の間に、アダムとイヴ、天国と地獄、生と死が創造されたと信じている。第十日は、アシューラーと称する断食日である。

第二月（サファル）は、『空虚《くうきょ》』を意味し、アダムがエデンの園《えん》から追われた月と伝えられている。回教徒にとってもっとも不吉な月と信じられ、またマホメットが病を得たのもこの月という伝説もある。

第三月（ラビー・アルアッワル）は、『春』という意味で、第十三日はインドの諸地方、トルコおよびエジプトではマホメットの誕生日と認められている。

第四月（ラビー・アッサーニー）は、『次の春』を意味している。

第五月（ジュマーダー・アルウーラー）

は、『水の氷結する季節』の意味といわれ、第二十日はオスマントルコ軍がコンスタンティノープルを占領した記念日にあたる。

第六月（ジュマーダー・アルアーヒラ）は、『次の氷結』を意味している。

第七月（ラジャブ）は、『尊敬』を意味し、神聖な四つの月の第二といわれ、戦争を禁止されている。第一金曜日の夜（太陽暦の木曜日夜）は、マホメット受胎《じゅたい》の日として、熱心な信徒は礼拝に一夜《いちや》を明かす。第二十六日はマホメット昇天《しょうてん》の夜とされている。

第八月（シャーバーン）は、『分離《ぶんり》』の意味で、シエル・イ・ナビー（預言者《よげんしゃ》の月）ともいわれている。この月の十五日はシャッブ・イ・バラート（記録《きろく》の夜）と呼ばれ、この夜は神が各人の一年中になすべきすべての行動を記録すると信じられている。またマホメットが回教徒に徹夜して百回の屈伸礼拝《くっしんれいはい》を繰り返せと命じたのはこの夜という。

第九月（ラマダーン）は、『暑《あつ》くなる』というアラビア語の動詞『ラマダ』から出たもので、コーランが天界から人間界にくだされた月として断食が挙行《きょこう》される。この月の二十七日はライラト・アル・カドル（力の夜）と呼ばれ、一切の動物は神を讃美《さんび》してひれ伏すと信じられている。

第十月（シャッワール）は、『尾《お》』の意味である。これは七八ヶ月間はらんでいたラクダが尾をあげる月で、狩猟《しゅりょう》の月ともいう。アラビア人はこの月に結婚することを不吉としている。

第十一月（ズー・アルカーダ）は、『休戦の月』の意で、古代のアラビア人はこの月には戦わない習慣があった。第十二月（ズー・アルヒッジャ）は、『巡礼《じゅんれい》の月』を意味し、一年の神聖な月の一つとされ、世界各国から信徒がメッカに集まる月である。

◆ラマダーンの断食◆

ラマダーン（回教暦の第九月）は、『貴《たっと》いラマダーン』と呼ばれる神聖な月の一つでトルコではラマザーンといわれている。この月には、回教の行事として有名な断食が行なわれる。

断食は祈祷《きとう》の斎戒《さいかい》に属する修行で、貪欲《どんよく》の穢《けが》れより清浄《せいじょう》に入ることで、神以外一切の俗事俗物《ぞくじぞくぶつ》より離れ、新月の夕べより満一ヶ月の間続けられるのである。この期間中は生殖《せいしょく》および死の穢れより脱して断食し、抱擁《ほうよう》、握手、接吻、交語さえ厳禁されている。

コーラン第二章牝牛《ひんぎゅう》の一八五節に、『ラマダーンの月はコーランの啓示せられたる月なり』と記され、マホメットがアラーの神からコーランを授かった月として、回教徒にとっては祝福の月である。また、この月の、二十一、二十三、二十五、二十七、二十九の各日の夜を『全能の夜』と称し、教徒は神を讃《たた》え、神に感謝し、コーラン全部を暗誦《あんしょう》する。

ラマダーンは古代アラビア人の間では、商業上の便宜《べんぎ》のためにもうけられた平和の月休戦の月であったが、マホメットが開教《かいきょう》してから『神聖な月』となり、さらに『断食の月』となったのである。この断食は、教祖マホメットが、ヒラーの洞窟で一ヶ月のあいだ断食苦行した後、聖なるコーランを天使ガブリエルの手を通じて、アラーの神から授かったその時の苦行を忍《しの》ぶためで、一切の快楽、欲望を禁じ、専心神を念じて勤行《ごんぎょう》するわけである。この一ヶ月間は日の出から日没までおごそかに行なわれるのであるが、全然断食することは人間としてははなはだ困難なため、暁《あかつき》の祈り以前に食をとり、日没時の祈りの後、再び食事をすることを許されている。けれども、日中はいかなることがあっても断食し、茶や水を飲むことはもちろん、唾《つば》を飲むことさえ厳禁されている。また身を清めるため口を洗わねばならないが、そのとき誤って水を咽喉《のど》に通せば、やはり断食の禁を犯したことになる。断食苦行は回教に限らず、他の宗教にもあるが、これは一つの身心鍛錬《しんしんたんれん》である。回教の場合も忍苦修養《にんくしゅうよう》の苦行で、その起こりは熱帯の沙漠における衛生思想の変形というべきであらう。けれども、これを三十日間継続することは容易なことではない。ことに回教暦が特殊《とくしゅ》な暦で、ラマダーンの断食の季節が一定していないため、春夏秋冬かわるがわるめぐってくるので、斎戒者《さいかいしゃ》にとって難行苦行である。そこで、マホメットは夏期に遭遇《そうぐう》した場合、老人や病人、幼児、婦女子には特別の例をもうけている。

一、子供を産んでまだ四十日以内の産婦《さんぷ》ならば、ラマダーンの断食をする必要はない。

一、重病者は断食を免《めん》じ、

全快後日《ひ》を改めて行なうこと。

一、旅行中は断食の必要なく、
帰省後改めて行なうこと。

一、聖戦にある勇士は
断食をする必要はない。

かくて三十日の断食がすむと、回教暦の

十月一日より三日間、断食明けの祭が各地で盛大に行なわれる。教徒たちは暁《あかつき》の鐘を聞いて回教寺院へ行き、導師《イマーム》の指導のもとに合同礼拝を行なうのである。礼拝がすむと、回教徒は自宅に帰り、砂糖菓子をつくり、親戚その他隣人《りんじん》を招待して、神に感謝を捧げる。町々はどこの店も美しくかざり立て、回教寺院の尖塔にはたくさんの灯明《とうみょう》がつき、芝居、興行物が軒《のき》をならべ、飲食店も料理屋も声をかぎりに客を呼ぶというにぎやかさである。これを、イード・アルフィトル（断食明けの祭）という。

## ◆メッカ巡礼◆

『メッカに巡礼せずして死したるものは、ユダヤ教、キリスト教の死に同じく、何らの特典をこうむることなし』

と、マホメットはコーランの中に説いている。それほど、メッカ巡礼は回教徒の勤行《ごんぎょう》の中で、もっとも重大なる戒律の一つである。

回教暦の第十二月、回教信仰の中心地であるメッカの霊場《れいじょう》を中心として、この行事は月の七日から十日にいたる四日間、きわめて厳粛《げんしゅく》に行なわれるのである。巡礼者は神の前には貧富の差別なく、いずれも、上下二枚からなる縫《ぬ》い目なしの巡礼服を着て、回教の精神にしたがって同一の生活を営むのである。

メッカの巡礼をすますと、ハッジの称号を得、特別のターバンを頭《かしら》に巻くことを許され、一般教徒から長老として尊敬される。そこで、回教徒は一生に一度は必ずメッカの本山へ巡礼におもむこうとするのである。マホメットのメッカ征服《せいふく》以来、今年にいたるまで一千三百余年間（回教紀元一三五八年）、毎年《まいねん》、世界各国からメッカへ詣《もう》でんものと集まり来る回教徒の数は、年々十数万人から四五十万人を数えられる。

この巡礼は真の回教徒でなければならぬ。メッカは異教徒絶対禁止の地であるためメッカに入る前に役人が取り調べ、回教名、本籍、父親の宗教、母親の宗教、回教を信仰した年月を記録し、さらに、コーランの第何章を暗誦《あんしょう》させるという、厳粛な詢問《じゅんもん》が続けられ、もし異教徒であった場合には、聖地を汚《けが》したかどでたちどころに撲殺《ぼくさつ》の憂《う》き目にあうのである。

かくして、聖なる信徒たちは、経文《きょうもん》を唱えながらカーバの聖殿に額《ぬか》づき、礼拝するがそれがすむと、近くにあるサファー山とマルワ山との間を七回往復して勤行《ごんぎょう》しなければならない。

大祭《たいさい》は回教暦の十二月八

日から十日までに行なわれ、これをクルバンという。信徒は、またアラファット山に登らなければならない。灼熱《しゃくねつ》の砂上を巡礼経を唱えながら行進するのであるが、疲労《ひろう》や日射病で倒れた信徒の死体が白布《はくふ》に巻かれ、板に載せられて運ばれていくが、聖地で巡礼中死ぬことは、もっとも潔《きよ》き死とされ、死にゆく本人にとっても、こんな嬉しいことはないのである。

このアラファット山は人類発祥《じんるいはっしょう》の地であると回教徒は信じている。また、アラファット山は、アダムとハヴァ（キリスト教のイヴ）が邂逅《かいこう》した場所であり、また、ノアの洪水のときに原始人が他の動物とともに避難した山だとも伝えられている。

三日間の巡礼が終わると、信徒は道傍《みちばた》の床屋で剃髪《ていはつ》をすることになっている。頭の刈りかたは宗派によって違うけれども、剃髪が終わると、巡礼服を新調の衣服と着替え、新参の巡礼は、ここではじめて『ハッジ』の称号をもつことになるのである。そして、巡礼は再びメッカに帰ってくる。

また、回教徒の世界的結合を目的とする国際神聖大会がこの三日間にわたって開催されるのであるが、この会合は、各国の代表者たちが数十、数百ヶ所に集まり、座談会や演説会をなし、各自の国の社会、政治、経済、思想その他の問題を提案して、批判し攻撃し、悲憤《ひふん》して熱弁をふるうのである。そして、被圧迫民族《ひあっぱくみんぞく》の解放と自由とを叫ぶのである。この会合において決議された議題は、帰国後本国の政策にいろいろの示唆をあたえるので、メッカ巡礼は、単に信徒の行事ではなく、世界的回教徒運動の烽火《ほうか》ともいうべきものである。

## ◆回教徒の人情・風俗◆

回教民族は古《いにし》えより男尊女卑《だんそんじょひ》の風習がいちじるしく、回教の法制から見ても、女子の身分法上の地位は男子に比して非常におとっている。

このいちじるしい差別待遇はおそらく次

の事情によるものと思われる。アラビア、トルコ等の民族は、男子に扶養《ふよう》の義務を負わした結果、女子は何らの財産を所有する必要がなかった。一般に男子が扶養の義務を有することは普通の常識であるが、回教民族においては、父の死後も男子は、その姉妹を扶養する習慣が古くからあった。女子に独立するだけの財産があったとしても、一家を維持する責任は男子にあったのである。けれども、回教国民の近代化とともに、この伝統的な風習から脱し、聖典にそむかない範囲で身分法の改正が行なわれてきたのである。

コーランに『自ら養いえるより多くの女

を娶《めと》ることなかれ。二人三人をもって足らしめよ。これを平等公平に扱いえざらんときは一妻を娶るべし』とあるため一般に回教は多妻主義《たさいしゅぎ》と信ぜられているが、教典では決して多妻を原則としていないのである。富有者《ふゆうしゃ》は四人を限度としているが、人間として多妻をことごとく公平に扱うことは不可能であるから、一夫一妻を守っているものも多数あり、最近は一夫一妻の風習が行なわれつつある。なおトルコでは多妻を法律で禁じている。これは伝統的な男尊女卑の風習打破《ふうしゅうだは》である。マホメットの真意は、決して男子にばかり優越権をあたえたものではなく、キリスト教圏の法制にも勝る男女平等を認めていた。それが男尊女卑の国として習慣づけられてきたのは、いずれの国にもあるような男子の権利の独占に原因するもので、教祖マホメットの遺訓《いくん》を男子の解釈によって、男子に有利で、女子には不利益な取り扱いかたをしたのである。

また回教徒は結婚の場合に、盛大なる饗宴《きょうえん》を行なうことが聖法として規定されているので、そのため男子より女子への贈りもの、饗宴の費用が巨額にのぼり、貧しい階級はそのために苦しみ、富めるものも不必要な浪費をなす有様である。

また、風俗というよりも、立派な戒律に

なっている『喜捨』『ラマダーンの断食』などが、回教徒の生活に影響するものである。

『喜捨』は回教五行の一つとして、信徒たる者の固く守るべき義務になっているが、この慈善行為のため、回教徒の間では労働を求める努力が弱められ、乞食さえも人から恵みを受けても感謝の念にとぼしく、当然の権利であるかのごとく心得ている。この結果、活動力の旺盛《おうせい》な回教徒にも非常な悪影響をおよぼしている状態である。

『ラマダーンの断食』においても、この一ヶ月間の活動が停止されるため、交通、商業、官憲その他の事務も静止してしまうわけで、経済上おもしろくない影響をきたしている。

かくのごとく、回教の聖法、教理からくる風習にしばられ、回教諸国の経済的発達を阻害しないとも限らないが、それらは熱心な信仰をもつ教養の低い教徒の間に往々《おうおう》にして見られることで、最近では、全体として回教徒の社会は発展の傾向にあるのである。

## ◆回教徒の結婚◆

前述のごとく、回教徒は四人までの妻をもつことを許されているが、これは、経済上の必要または便宜からでもある。回教徒は農耕牧畜を生業としてきたため、人間の『手』が必要であり、自然と多妻を求め、野良《のら》で働かせるということになったのである。また多妻は、経済力の拡張《かくちょう》を意味するものであった。けれども、近代では反対に、多妻は生活的にも大きな負担となり、また女性の覚醒《かくせい》から多妻主義は次第に消滅しつつある。

かつては結婚の年齢は、男十二歳、女八

歳くらいであった。これは、回教民族が主として熱帯地方に居住していたため、早熟にもよるが早婚《そうこん》を風習としてきたのである。

近代では、トルコ、イランの新民法において、男子十八歳、女子十五歳を最低年齢と定められている。が、身体の発育上結婚生活に適する男子は、例外をもうけ、最低年齢以下でも官憲《かんけん》の検査をへて早婚の許可を得るようになっている。

回教の多妻主義はしばしば非難の的となっているが、マホメット出現以前のアラビアでは、妻は夫の財産の一部と見なされ、非常に悲惨《ひさん》な生活を送っていた。それをマホメットは目撃し、はじめて女性の地位向上を叫んだのである。女性の人格を認め、妻の数を制限し、婚姻を男女対等の契約と認めさせたのである。そして、婚姻が成立すると同時に、一定の金額を直《じか》に女子にあたえ、また結婚解消のときには、夫の負担する賠償金《ばいしょうきん》をあらかじめ決める。これをミヒルまたは婚資《こんし》（マハル）と称する。

離婚の場合においても、他宗教国と同様規定されているが、回教国の離婚はいろいろな点で特異なところがある。

『真の信仰あるものよ、罪もなき女を用ずみの道具のごとく捨て、わずかなるものをあたえて去らしむるを許さず。汝これを扶養すべし』

と、コーランに夫が妻を遺棄《いき》することを戒《いまし》めて記されてある。けれども、回教法制は夫が一方的の意志だけで、妻を離婚することを認め、婚姻のとき約束した婚資（マハル）をあたえて去らせるのである。また、妻の意志で婚姻を解消する場合は、婚姻契約書に妻が離婚の権利をもっていることを明記されている場合に限られているが、この妻よりの離婚はほとんど実行されたことがない。が、夫婦が融合《ゆうごう》しない場合、お互いに嫌いあう場合には、妻のほうから若干の賠償金を出して夫に自由を求め、了解のうえ離婚することもできる。また、夫が妻を扶養《ふよう》しない場合、あるいは悪質の伝染病にかかった場合など妻は裁判所に訴えて夫から自由を求めることが認められている。

離婚した妻を再び娶《めと》る場合、回教ではおもしろい規定がある。トルコでもイランでも、新民法が出ない前は結婚解消後三ヶ月以内であると、何らの手続きをへずとも再びもとのさやにおさまることができる。三回までは同一の方法で許されるが、三回の離婚後、なお同一の妻を娶る場合には、まず妻を他の男子に一度嫁《とつ》がせたうえ、直に離婚させて第四回目の結婚を許されるのである。この第三者の男子との結婚は一夜だけでもいいことになっている。

回教では、結婚に対して父その他尊族《そんぞく》の意思が絶対に権力をもっている。婚約が成立してもお互いに顔を見ることを許されない。花嫁は未来の夫を覆面《ふくめん》をかぶって見るだけである。いよいよ式がすんで、新夫婦が一堂に対坐してはじめて、花嫁は覆面を取り去るので、往々にして明けてびっくり玉手箱《たまてばこ》という結果にならないとも限らない。

かくのごとく、回教の結婚は伝統を忠実に尊重しているが、現在では伝統もほとんど近代化されてきている。

『妻は夫の衣《ころも》にして、夫は妻の衣なり』と、コーランの一節にある。

それぞれその国の風習によって行なわれる結婚も、風習の底に流れているものをとれば、一致点を見いだすものである。コーランの一節にあるごとく、回教においても、夫婦一体の精神にかわりはないのである。

## ◆ハレムの中の回教女性◆

教祖マホメットの聖訓《せいくん》に、女はもっぱら内部の存在であり、家庭の中のものであるということがある。男女平等が叫ばれても、女は家庭のものでなければならないのは、女の道であり、家を守ることが役目である。

が、回教の聖訓にしたがえば、家庭の中でも近親以外の人に接せず、他人の男子には一切顔を見せないのである。

今日では、トルコやイランなどでは、女性の解放、近代化とともに、女が覆面《ふくめん》をかぶることは禁止されているが、数年前までは『チャルシャフ』とか『チャードル』と呼ばれる被衣《かつぎ》で身をおおい、顔には黒い覆面をかぶっていた。アラビアやアフガニスタンなどでは現在でも昔の風俗が残っている。

女が内部の存在であるため、家の構造も女に適した特別な仕組みになっている。住宅は二つにわかれ、男子部をセラムルックまたはアンデルンと名づけ、婦人部をハレムリックまたはビルーンと呼んでいる。『ハレム』というのは男子禁制の意味で、夫以外の男は絶対に『ハレム』に入ることを許されない。

今から十年ないし十五年前にはじめて、回教婦人の近代化が叫《さけ》ばれた。回教の女性たちは『ハレム』から街頭《がいとう》にあらわれるようになった。家庭の内部にいても、外国人と交際するほどの婦人（主婦）は男子部の室《へや》にあらわれ、また外国人の家庭へも招かれていった。けれども、街頭に出るときは馬車の中でも覆面をつけて絶対に顔を見せないが、家に入るとすぐ覆面を脱《ぬ》ぎ棄てた。ここまで女性が目覚め、街頭に進出してくるには幾十年月の歳月を要したのである。

また、トルコの生活にめずらしいものは風呂である。いわゆるトルコ風呂として、外国に知れわたっているが、世間でいういかがわしいものではなく、トルコの国内では普通の浴場である。ハレムの風呂に女が入るときには、いろいろな儀礼がある。イランでは婦人は浴室の最初の戸を開けるときに、靴のかかとで胡桃《くるみ》を二つ三つ踏みつけて割《わ》らねばならない。それが『つとめ』になっているが、この割った胡桃を燃やした煙を、歯痛《しつう》のときに口にあてると、立ちどころに痛みがとまるといわれている。また、浴場にはいろいろの香料を混ぜた湯槽《ゆぶね》

160

がある。その中に身を浸《ひた》し、滋養物《じようぶつ》をとるのである。それは母乳がよく出るようにするのであるが、湯からあがっても、卵の黄味とか、インド産の胡桃の種を混ぜたものを食べることになっている。

また、婚礼の祝宴《しゅくえん》にともしたロウソクは、必ず一つだけ浴室につけておく規定になっている。これは、生まれた児が将来《しょうらい》輝かしいものになるためだといわれている。回教徒の浴室は、すべて婦人部（ハレム）にあるので、夫以外の男子は絶対に足を踏み入れることはできない。旅行して土地の知人の家に泊まったとしても、滞在中は絶対に入浴することはできないのである。

# 第3章 回教諸国の盛衰

٣

الفصل

# Rise and Fall of the Islamic countries

マホメットが神の使徒として起《た》ちあがってから二十五年、メッカ聖戦に大勝し、十万の信徒をしたがえるとともに、彼の勢力は全アラビアにおよび、西北はパレスチナを境とし、東南はペルシャ湾にいたる沃土《よくど》、ことごとくアラーの神の名を讃《たた》える回教の国となった。

マホメットが昇天した後、回教に帰依《きえ》したばかりの教徒たちは、時機到来《じきとうらい》とばかり四方に蜂起したのであった。統帥者《とうすいしゃ》を失った回教は危機にひんしたのだった。この危機を救うために立ちあがったのは、アブ・バクルとオマルの二人であった。

回教徒の中に回教の首長たるものは回

教の真の教義を伝えるものでなければならぬとするものと、この首長はマホメットの血統のものでなければならないというものと二つの派があって、これがいわゆる異教派と正統派というものにわかれた原因である。アブ・バクルとオマルの二人は全アラビアを支配すべきものはクライシュ

（コレーシュ）族たる者に限るという正統論をひっさげて、教徒の反省をうながし、東奔西走《とうほんせいそう》したのであった。まもなく両者は妥協して、アブ・バクルがマホメットの最初の後継者として第一代の教主（カリフ）に選挙された。けれども、マホメットの亡《な》き後、動乱は容易にやまず、異教派はコーランを捏造《ねつぞう》して民心を煽動《せんどう》した。かつてはマホメットの本拠であったメディナさえ、異教徒の栄える場所となったのである。老教主アブ・バクルはついに聖旗《せいき》をひるがえして起《た》った。そして、シリア遠征を決行したのであった。精鋭の向かうところ背教の徒は四散《しさん》し、回教軍は凱歌《がいか》をあげた。それから一年あまり、アラビア全土はバクルの手におさめられ、回教帝国の基礎は日々に堅固となった。けれども、アブ・バクルは勝利のよろこびも覚めないうちに、教主たること二年にして病没《びょうぼつ》し、オマルが第二代の教主となったのだった。

オマルは勇敢、聡明《そうめい》、高潔をもって鳴る

猛将であった。オマルの征《ゆ》くところ、まさに無人の境《きょう》の概《がい》があった。北方ヒラ国を討ち、カルデラ国を征服し、さらに西紀六三六年にはカーディシーヤと戦を交え大勝した。聖旗《せいき》は沙漠をわたり、山河をぬい、シリアを征《せい》してヘラクレイオスを一敗地《いっぱいち》にまみれさせ、またダマスカスを陥《おとしい》れた。しかしこの勇将オマルもイラン人の一奴隷のために暗殺されたのであった。そして、第三世教主にオスマンが選ばれた。この三代教主は自分の眷属《けんぞく》ウマイヤ家のものを優遇したため、反対派のねたむところとなり、内部に叛乱《はんらん》さえ勃発した。オスマンはメディナでベドウィン族のために襲撃されて殺された。

この有為転変《ういてんぺん》の中にあっても、回教国の勢力は隆々《りゅうりゅう》と発展して、東はオクサス河より西はトリポリまで伸び、海の回教軍はキプロスまで攻略したのであった。

第四世教主には、マホメットの従弟で、女婿《じょせい》であるアリーが選ばれた。そのころ、ようやく回教内に勢力争いが起こり、次第に団結力もにぶる結果となった。アリーは謙譲《けんじょう》な人物であったため、内紛《ないふん》を押さえるだけの力量にもかけていた。彼に反抗する者さえあらわれるようになり、アリーは時局収拾《じきょくしゅうしゅう》のためクーファに遷都《せんと》したが、威信はまったく地に堕ち、ついに退勢《たいせい》を挽回することもできず暗殺されてしまった。彼の死後長男のハッサンが後を継ぎ、第五世教主となったが、ハッサンは父の謙譲につぐ温厚な性格の持ち主であった。ひそかにカリフの地位を狙っていたウマイヤ家は教主の温厚を逆用《ぎゃくよう》してますます勢力を張り、ウマイヤ家の一人シリア総督のムアイヤのためにハッサンは教主の地位を奪われてしまった。かくして、教主の職はウマイヤ家に移ったのであった。ムアイヤは奸智《かんち》にたけ、教主の選挙制をあらためてウマイヤ家の世襲《せしゅう》となし、政府はダマスカスに遷し国家元首はシリアの傭兵《ようへい》の保護のもとにおいたのである。

ムアイヤが没すると、息子のエジトが第七世教主となった。教主の職がウマイヤ家に移ってから、回教の政治的実権は正統派に握られているので、一方異教派は第五世教主ハッサンの弟ホセインをアリーから数えて第二世の教主に戴き、エジプトにおいてウマイヤ家に対抗したのであった。それを聞き知ったメソポタミアの回教徒が反乱を起こし、ホセインに来援《らいえん》を申し込んだ。ホセインは機《き》到れりとばかり進軍したが、途中ウマイヤ軍に計《はか》られて一族郎党《ろうとう》とともに全滅してしまった。かくして、マホメットの最後の血は絶えたのである。アリーを始祖とするシーア派にとって忘《わす》るべからざる記念日として今日なお祭典が行なはれている。

アリーが教主であったころの内紛、内乱は、その後の回教国の発展に大きな障碍《しょうがい》となった。ウマイヤ王朝になっても一勝一敗の戦いで、容易に勢力を発揮することができなかったが、六世教主ウエリドの時代になり、アフリカ北岸から大西洋岸に進出し、ジブラルタルを陥《おとしい》れ、スペインを征服した。その後、回教軍は勢いを得、中国トルキスタンの国境にも迫った。またピレネー山脈を越えて進軍したがもろくも敗られスペインに退いた。

第八世紀の中葉から中央アジアには大動

乱が勃発した。これは、わずかに残ったマホメットの血族とウマイヤ家の勢力争いであった。ウマイヤ家にかわって、マホメットの血族アッバース家がバグダッドにおいて東方教主の帝国を建設した。これに対して敗れたウマイヤ家の生存者はスペインに逃れ、コルドバ帝国を樹《た》てた。これを西方の教主帝国という。

けれど、バグダッドのアッバース王朝はチンギス・ハンの孫フラグの侵入にあって没落の悲運にあった。生き残った一族はエジプトのカイロに逃れ、一五一七年オスマン・トルコの皇帝スルタン・セリム一世に教主の職を継《っ》がせ、正統派すなわちスンニ派より正式に教主たるを承認され、一九二四年、新興トルコのケマル・アタチュルクによってカリフ制が廃止されるまで、この教主帝国は継続されたのである。

西方の教主帝国スペインのコルドバ王朝は、十一世紀まで栄えたが、十字軍のために潰滅《かいめつ》されてしまった。そのとき、キリスト教軍のために虐殺された回教徒は七千名にのぼったといわれている。

الفصل ٤

# 第4章 回教圏とは何か

# What is the Islamic world ?

回教圏とは、世界における回教徒の分布区域である。

　現在、全世界の回教徒はおおむね三億五千万ないし四億といわれているが、そのうち独立国を形成しているものは、人口の二〇%約七千百三十万である。世界大戦前、トルコは回教圏の中で唯一の独立国であったといってさしつかえない。当時トルコ皇帝は回教の教皇を兼ねていたので、ドイツはトルコを味方にひきこめば、全回教徒が聖戦として教皇のもとに馳《は》せ参ずると見込みをたて、トルコを参戦せしめたが英仏側は聖戦でなくドイツの野心から出た戦であると宣伝し、一方、アラビア王のフセインに将来の独立を約束して、トルコに反対させたのであった。大戦後、トルコは一共和国と改変した。その他にサウジアラビア、イエメン、エジプト、イラク、イラン、アフガニスタン、トランスヨルダン等の回教独立国ができた。また民族意識に目醒《めざ》め絶えず蠢動《しゅんどう》しているものに、中央アジアのウズベク、カザフ、タタール、アゼルバイジャン、キルギス等のソ領共和国、中国、中国辺疆《へんきょう》地方、インド、インドネシア等がある。こうした欧州勢力に圧《あっ》せられている回教徒は、総数の七五％以上ある。また半独立国として西洋諸国の保護下にあるものが、五％ある。これを国別にわ

けると、

イギリスに属するもの　九千五百六十万人
フランスに属するもの　二千六百二十万人
イタリアに属するもの　五百五十万人
オランダに属するもの　六千万人
スペインに属するもの　七十万人

ソ連に属するもの　二千六百万人
中国辺疆地方に属するもの　二千万人
世界各地に少数民族として散住するもの　千六百万人

回教徒の分布は、トルコ、アラビア、イラン、アフガニスタンを中心として、西はモロッコまでの赤道以北のアフリカ一帯は、人口の稠密《ちゅうみつ》さにおいては中心地と大差はない。さらに、北インド、中央アジアから北中国に連なり、北はバルカン、ロシアから、南はマレー、インドネシア、フィリピンにおよび、相当広範囲な地域にわたって回教民族が居住しているのである。

# 第5章 الفصل

# 忍従を強いられた回教民族

## Oppressed Muslim

回教は単なる宗教ではなく政治および社会の実生活と不可分の関係にある。回教徒は聖戦によって領土をひろめていったが、征服された地方の民族は直《じか》に回教徒になる。政教一致の宗教であるから、回教の支配を受ければ回教の信徒にならねば容《い》れられないことになる。これは回教が一つには民族を超越した宗教であり、またその聖意で布教されてきたためであろう。

回教は今日まで一千三百余年を経過して、なお、新しい宗教の生命をもっている。考えかたによっては原始的な宗教といえないこともないが、日に日に新しい生命が躍動しているといいえるのである。これは、回教が民族を超越した宗教であるがためである。また、厳格な戒律によって宗教心を固め、そして持続させている。幾度か戦い、幾度か敗れてきたけれども、回教の生命は生きていた。敗れたときは雌伏《しふく》した。回教徒は雌伏時代が長かったともいえよう。その三百年ゆうよの雌伏の中にあっても、宗教の生命は依然として息づいていたのである。

いま、回教徒たちは強いられた忍従《にんじゅう》、雌伏から起《た》ちあがろうとしているのだ。宗教によって目覚めた民族意識が、勃然《ぼつぜん》と湧きあがってきたのである。

الفصل ٦

# 第6章 いわゆる回教圏以外の各国における回教徒

# Muslims outside the Islamic world

## ◆日本の回教徒◆

回教とはいかなる宗教であるかは、日本人のほとんどすべては知らないであらう。それは今日まで回教または回教徒との交渉がきわめてとぼしかったがためである。

古代の文献には、日本人が西域《せいいき》の文化を

中国を通してうけ入れていたことが記録されている。雅楽《ががく》に大食調《たいしきちょう》などがあるのはその影響である。大食《タージー》とはアラビアの中国名である。また、南北朝から足利《あしかが》時代にかけて、南洋方面に来たアラビア人と、我が国人と交渉があったことは確実であるが、回教に関する接触はほとんどなかったようである。そのころ、楠葉入道西忍《くすばにゅうどうさいにん》という日本婦人とアラビア人との間の混血児がいた。西忍《さいにん》は航海術に長じ、八十六歳の高齢で中国に渡って貿易した。彼の父アラビア人は回教徒であったといわれているが、西忍は仏門に帰依《きえ》して入道《にゅうどう》となった。

日本にはどういう回教民族が居住してい

るかといえば、その大部分はトルコ・タタール系の民族である。これらの回教徒は、ソビエト革命後、白系ロシア人として満州、中国および我が国に亡命してきたので、およそ六百名くらいにのぼるであらう。多くのものはラシャの行商などをやっていて、日本の各地を渡り歩いている。このほか、インド、アラビア、シリア等の回教徒もいくらか在留《ざいりゅう》している。

日本に回教が発達しなかったため、日本人回教徒の礼拝堂《らいはいどう》などはなかった。ただ在留トルコ・タタール人の手によって建てられた東京回教学校内の礼拝堂と神戸在留回教徒の醵金《きょきん》によって昭和十年神戸に建てられた回教寺院の二つがあるばかりであった。最近、我が国でも回教に対する認識が改められ、回教が東洋の宗教として重要なる役割をもっていることが明らかになり、とみに回教対策が講《こう》ぜられてきた。昭和十三年五月十二日、東京の一角に瀟洒《しょうしゃ》な回教寺院が日本人の喜捨《きしゃ》によって建立された。そして、平沼内閣のとき、回教を他の宗教と同様の規定をもって遇《ぐう》せらるべしと言明されたのである。新緑《しんりょく》けむる小田急沿線、代々木大山町にあるこの新回教寺院はトルコ式の建築様式で、四角な本堂のうえに円蓋《えんがい》のドームが異国の匂いを漂わせている。東方に向かった入口のうえには尖塔が、青空に高々とそびえている。教祖マホメットの降誕祭《こうたんさい》にあたる五月十二日盛大な開堂式が挙行《きょこう》されたのである。そのとき、はるばるイエメン国から第二王子サイフ・ウル・イスラム・エル・ホサイン殿下、サウジアラビア国王御名代《みなしろ》駐英公使ハーフィズ・ワハバ・パシアをはじめ、沙漠の風俗をした回教徒の代表が、この盛儀《せいぎ》に参列し、大東京に映画で見るような一風景を現出したのであった。この賓客《ひんかく》たちは単に開堂式参列ばかりが目的ではなかった。大東亜建設に邁進《まいしん》する日本に、回教を公認してもらい、日本と通商をはじめたいというのが、その真の目的であったのだ。

世界の人種を清潔人種と不清潔人種との二つにわけてみると、日本人、アラビア人等は清潔人種で、ヨーロッパ人のごときは不清潔人種に属する。日本人は昔から牛や豚、その他獣類《じゅうるい》の肉はほとんど食べなかった。明治以後、欧州の風潮が流れ込んできてから、いろいろの獣肉を食べるようになった。今でも田舎へ行くと獣肉類を食べない人がまだ相当いる。その点、回教徒と似かよったところが日本人にあるわけで、将来日本が、新しくアジアの諸民族と提携するには、回教民族がもっとも可能性があるのではないか。それには、回教徒と日本人が精神的に民族を超越して提携しなければならない。日本でも毎年の行事として、メッカ巡礼に日本人回教徒が派遣されるようにでもなれば、回教国の国民性を知ることができ、日本と回教徒とが急速に接近する一つの策でもある。

日本人ではじめてメッカに巡礼した人は、山岡光太郎氏で、明治四十二年である。

この後鈴木剛、郡正三、細川将、榎本桃太郎、山本太郎、故若林九満、故植原愛算氏等がメッカへ巡礼した。

## ◆満州国の回教徒◆

満州国にある回教徒の数は五十万といわれ、あるいは二百万から二百五十万と推算されている。

満州国へ回教が伝わったのは、西紀一七四〇年ころからといわれ、漢人の商人、農民たちの間に伍《ご》して入満したもので、現在、満州にある回教寺院（清真寺）の数は二千以上といわれている。

満州の回教徒の大半は東千族の子孫すなわち漢回《かんかい》で、宗派はスンニ派が多く、シーア派は絶無《ぜつむ》といってよい。一方、これらの漢回に対し、トルコ・タタールの回教徒が帝政ロシアの東漸《とうぜん》、旧東支鉄道が開通したころ（一八九七年前後）に、満州国に移住し、ハイラルを中心とし、ハルビン、満州里、奉天あたりに存在し、その数は一千三四百である。

満州の回教の発展に貢献した人に、忠壮公左宝貴《ちゅうそうこうさほうき》がある。清朝末期の勇将にして、日清の役にも猛将として勇名を馳《は》せた。将軍は山東の出身で、満州に移り住んでからは、公共事業、慈善事業に相当の力をつくし、回教の信仰に篤かった。現在奉天にある同善堂という回教寺院は、彼が私財を投じて設立したものである。現満州国皇帝の従弟《じゅうてい》である溥侊《ふこう》氏も回教の信者で、

昨年五月の東京回教礼拝堂の開堂式には、
満州国回教徒の代表として臨席された。

◆中国の回教徒◆

中国における回教徒の数は、三千万といわれ、五千万といわれ、また千五百万ともいい、人によって種々異なっている。これは、実地踏査《とうさ》ができないために、正確な数字を表せないのである。

中国の人口を四億、回教徒の数を三千万と見れば回教徒は中国の人口のおよそ十二分の一にあたるのである。回教が中国へ伝来した歴史は、唐代のころ、海陸両路から入り、海はアラビアの商人（明代には天方国人と呼んだ）が、広東、福州方面から伝え、陸は大食人《タージー》（アラビア人）が回紇人（ウイグル人）を通じて、甘粛《かんしゅく》、陝西《せんせい》方面に伝えたといわれている。また雲南地方の回教徒は安南方面に上陸したアラビア遠征隊が次第に侵入し、そこに定住したものといわれている。蒙古と回教徒は古代から縁があり、チンギスハンによって幾度か征服されている。その旗下《きか》にくだった回教徒は七十万といわれ太宗《たいそう》がチンギスハンの意志を継いで中国を平定したときには、五百万余の回教徒が甘粛、陝西にとどまっていたということである。その後、回教徒から重要官職に就くものも出て回教は大に勢力を張ったが、清朝にいたって、はじめて回教に対して弾圧が加えられた。

中華民国になってから、清朝の弾圧政策を改めて、これを逆用したが、後には回教徒を圧迫し、弾圧、懐柔《かいじゅう》の臨機応変の手段をとり、極力回教徒の蜂起を防止してきたのである。

中国にある回教徒の職業は、主として牛羊皮革類《ぎゅうようひかく》を業としているものが多い。また中国本土には回教徒の宿屋、料理屋が多い。これは回教徒が食事その他に厳重な戒律を守るため、異教徒の宿屋、飲食店に出入しないからである。

## ◆ソビエトの回教徒◆

ソ連邦内の回教徒は、人口約二千六百万近くある。これらの回教徒は、中国の新疆省に境するあたりから、西方へ、中央アジア、トルキスタンを中心に、ウラル山の麓、コーカサス、クリミアまで延びる一帯に居住し、大体トルコ系の民族である。

回教が、このソ連中央アジアの地へ入ってきたのは、七世紀以後のことで、既成宗教を征服し、十四世紀にはまったく他の宗教を追放してしまった。スラブ族は機会あるごとに回教徒に対して弾圧を試みたが、容易に屈服しなかった。けれども、十八世紀末に叛乱《はんらん》が起こり、政府の回教政策は一変し、回教の僧侶階級を懐柔《かいじゅう》して、回教徒を従順《じゅうじゅん》ならしめようとしたが、ちょうど、欧州大戦が勃発《ぼっぱつ》し、再び国内に大動乱が生じ、各地において政府官吏、地主が脅迫《きょうはく》され、暴徒は軍隊と衝突して、一種の回教民族運動に発展しようとしたが、ついに鎮圧され、残った者はイラン、トルコ、新疆地方に逃げのびてしまった。

かくして、時勢の推移とともに、反宗教的政策をカムフラージュして、回教徒の懐柔につとめてきたのであるが、彼らはもはや圧制のもとに怡々《いい》として屈従《くつじゅう》しているものではないであらう。

## ◆インドネシアの回教徒◆

インドネシアの全人口はおよそ六千万といわれているが、その中《うち》で回教徒は九割を占めている。

インドネシアに回教が伝わったのは、インドの回教徒が勢力を得た十二世紀から十三世紀のはじめである。インドと東インド諸島とは昔から、政治的、経済的に交通が頻繁《ひんぱん》であった。十一世紀にはや回教徒の商人がマレー半島やインドネシアに来て、盛んに商取引し十二世紀の末葉《まつよう》には、スマトラの北部に植民していた回教徒さえあったといわれている。

インドネシアに回教が伝わってから、王侯中にも回教に帰依《きえ》するものが多く出てきたため、従来のヒンドゥー教は次第におとろえていった。けれども、ヒンドゥー教文化と回教は深く融合しヒンドゥー教的色彩をもって伝播していった。

一五一八年、デメクという勇将《ゆうしょう》が回教

に帰依してスルタンの称号を得、マジャパヒト帝国を滅ぼして統一したが、まもなく内乱が起こり、回教諸国は分立割拠《かっきょ》した。十六世紀になって白人が東洋に渡来してくるようになり、インドネシアはほとんど全部回教徒の領土となったのである。そのころの回教宗派はシーア派であったが、十七世紀以後、アラビア人が移住するようになって正統派のスンニ派が、シーア派に対抗して伝えられた。また、白人の移住とともに、キリスト教が伝えられ、今日まで三百年の間、回教二派とキリスト教が政治的争いを繰り返してきたが、回教徒は政治的にまったく力を失ってしまった。

## ◆フィリピンの回教徒◆

フィリピンの回教徒は、わずかに五十二万に過ぎず、はなはだ弱小であるが、政治的には重要性をもっている。

フィリピンの回教徒は『モロ族』で、スペイン人がつけた名称である。モロ族はフィリピン人と人種的には相違しないが、宗教の相異がある。つまりフィリピンの人口約一千二百三十万の中、キリスト教徒が一千万以上であるため、宗教的に両者に相容《あいい》れられないものが存在しているのである。

回教がフィリピンに伝わったのは、十三

世紀の末葉で、十五世紀には全島の沿岸や主要都市の大半は回教徒に属したのであった。スペインはフィリピンを統治するために、キリスト教をもってしたが、モロ族は屈従《くつじゅう》しなかった。

一八九八年の米西戦争の結果、米国がフィリピンを領土としたが、同化しがたいモロ族は、スールー群島を本拠としてその伝統を固執《こしつ》し、いかに懐柔《かいじゅう》策が講ぜられようと、モロ族を同化させることは多難なものと見られている。

## ◆インドの回教徒◆

インドは世界でもっとも多く回教徒の居住している地方である。総人口約三億五千三百万のうち、ヒンドゥー教徒約二億四千万、仏教徒約一千三百万、キリスト教徒約六百万、回教徒約七千八百万で、回教徒はインド全人口の二十二%以上を占め、世界全回教徒の五分の一に相当するのである。

回教徒がインドへ侵入した時期を二期にわけることができる。第一期は十世紀から十五世紀にわたるサラセンの侵入で、第二期は十四世紀末のティムールのインド侵略に端を発したムガル帝国の建設である。ムガルとは蒙古《もうこ》の意である。

インドの回教徒は大部分スンニ派に属するものであるが、ほとんど土着のヒンドゥー教の影響をうけ、その六割は風俗習慣など特殊な点を除くのほかヒンドゥー教徒と同じである。けれども、両者は今日まで対立を続けている。それは宗教思想上の相違、祭儀上《さいぎじょう》の相違のほか、経済的な原因では大多数貧民《ひんみん》である回教徒と富めるヒンドゥー教徒との間に経済闘争が絶えないためである。この対立はあっても両教徒はインド独立の旗のもとに手を握って起《た》ちあがろうという意志をもっているのであるが、それが実現するまでには、まだ国民的認識が不足しているというべきであろう。

しかしながら、全世界に分布している回教徒たちは、すでに迷夢《めいむ》から醒《さ》め、民族運動への第一歩を踏み出しつつあることは、見逃すことのできない大きな事実である。

الفصل ٧

# 第7章 回教国の産業と貿易

# Industry and trade in the Islamic countries

## ◆恵まれた回教国の産業資源◆

回教諸国の資源といえば、まず天然資源《てんねんしげん》である。アフガニスタン、イラン、イラク、トルコ、サウジアラビア、それからイエメン、エジプトなどの独立国は無尽蔵《むじんぞう》の天然資源を有しているといわれる。回教国といえば茫漠《ぼうばく》たる沙漠を連想するが、沙漠ばかりの連続と考えては間違いである。

一番豊富なものは鉱物資源で、次に農産物である。農産物でもっとも豊富なものは棉花《めんか》で、トルコ、イランに多く産し、エジプトは世界的な棉花の産地として知られている。これは綿製品の原料として重要な貿易資源となっている。回教国は一般的に太陽の熱に恵まれているため、農産《のうさん》に適している。古代から回教民族の重要な生産資本は豊穣《ほうじょう》な土地であった。イエメンのごときは、山頂から麓にいたるまでことごとく開墾《かいこん》されて、棉花、麻、薬草、コーヒー、果実などの多くを産し、また天然資源としては岩塩《がんえん》がもっとも多く産し、政府の直営事業として海外に輸出されている。コーヒーでは有名なモカが産出される。

鉱物資源《こうぶつしげん》としては、金、銀、銅が多量に埋蔵されており、石油のごときもイラン、イラク、トルコに膨大なる油田がある。この地方は世界有数の石油地帯になっているが石油をはじめ、金、銀、銅の採掘権は、ほとんどイギリス、フランス、アメリカの手におさめられている状態である。しかしこの採掘権の許与《きょよ》に対しては、毎年多額の鉱区税を賦課《ふか》する。イランのごときは石油鉱区の特許料《とっきょりょう》として三百万ドルくらいをとっている。

こうした天然資源が国家の重要財源となり、国によってはそれらの財源を国家の種々な社会施設、農業施設、軍事施設などに充当《じゅうとう》しているのである。そこで、各回教国では天然資源の開発を急ぎ、海外に技術員を派遣して養成しつつある状態で、実際に経済的開発ができたならば、世界のどこの国にも負けない資源国になるであらう。この豊富な資源を有しながら、どうして回教諸国の産業が発展しなかったか。回教の教義、戒律、または必然的に生じてくる風俗、習慣、規律によって制限されていたがためである。また、発展の重大なる要素である資力《しりょく》に乏《とぼ》しいことに原因するものであらう。

回教徒の習慣として、今日でも敬虔《けいけん》な教徒間では、金利《きんり》を好まず、銀行利子すら受けとることを潔《いさぎ》よしとしない風習がある。これは回教の法制の中に、金融の禁止、すなわち利子の禁止が規定されているために習慣化されてきたのである。そこで、回教国では銀行業、あるいはこれと同種の保険業などのごときものの発達は困難である。回教国は宗教の国であって、産業の国ではない。なかんずく、商業、経済の方面はもっとも不振であるが、その原因は前述のごとく資本がなく、また、加工工業の不振のため商品をもたないためである。彼らの職業とするところのものは、旅館であり、料理店であり、運送業、屠殺業《とさつぎょう》、伯楽《ばくろう》、皮革業などで、小商人が多い。古代から隊商を組んで商取引に出かけてゆく歴史を見てもうなづける。彼らは祖先伝来の商才があり、そのひらめきがあるにしても、伸ばすべき鵬翼《ほうよく》、驥足《きそく》は、自らの力では到底望むことはできない。うちに固い信仰の力があり、根強いところがあるにしても、これだけでは今日の時勢《じせい》では許されないものがある。けれども、適当なる支持者を得るならば、彼ら民族には充分更生《こうせい》することのできる可能性を蔵《ぞう》している。恵まれたる資源を利用することができれば、必然的に産業方面も発展してゆくことは疑いないことである。

## ◆回教国と我が国との貿易◆

産業資源の豊穣《ほうじょう》な回教諸国と我が国との貿易状態を述べることにしよう。

我が国と回教圏との貿易は、現在輸出入あわせておよそ十六億円であるが、その中にインド、エジプトを入れると、総額において二千万円ほどの輸入超過になっている。南洋の回教国だけでいえば、昭和十二年の輸出二億七千万円、輸入二億二千万円にのぼっている。イラク、アフガニスタン、トルコ等との貿易はあまり発達していないが、エジプト、インドからは毎年相当の棉花を輸入している有様《ありさま》で、回教圏と日本との間には非常に大きな額が動いているわけである。ところが、日本と直接貿易をやっている回教国は非常に少ない。つまり華僑、インド人の商人、アラビア人の商人の仲介で行なわれている。ことに無条約のアラビア方面との貿易はインド人を通じて行なわれている状態である。

日本の対外貿易で輸出超過国《ゆしゅっちょうかこく》と輸入超過国《ゆにゅうちょうかこく》とを区別してみると、（満州中国をのぞく）ヨーロッパ、アメリカ等は日本の輸入超過国で、インドは輸出入相殺《そうさい》の国で、日本の輸出超過国は南洋、アフガニスタン、イラン、アラビア、エジプト等である。これら輸出超過国に対する日本の輸出の重点は軽工業品で、その重なるものは綿糸布、雑貨、陶器、茶、生糸、薬剤等でこれをもち込めば、その代償として土産《どさん》の羊毛、皮革、棉花、工業塩がいかほどでも回教国から積み出されるということである。

次に、昭和十二年度における回教国との

輸出入統計を見ると左の通りである。

| | 輸出（千円） | 輸入（千円） |
|---|---|---|
| 英領インド | 二九九、三六七 | 四四九、四八六 |
| 中国 | 一七九、二五一 | 一四三、六三六 |
| インドネシア | 二〇〇、〇五一 | 一五三、四五〇 |
| エジプト | 三一、七七二 | 七四、一一八 |
| 海峡植民地（マレー） | 六七、四三七 | 六七、七九六 |

| | | |
|---|---|---|
| 露領アジア | 二三、八五一 | 三、九〇三 |
| イラク | 二三、六四四 | 九、〇二八 |
| 仏領モロッコ | 一八、二八三 | 一、五一八 |
| アデン | 一四、一七七 | 一、三五七 |
| スーダン | 一五、八一一 | 五、八五八 |
| シリア | 一九、二五〇 | 一、三八七 |
| イラン | 二、六三〇 | 一、五八九 |

| | | |
|---|---|---|
| バレスタイン | 五、七四五 | 五七八 |
| アラビア | 四、八二七 | 五四六 |
| トルコ | 二、七五三 | 二、八一八 |
| 仏領ソマリランド | 五七二 | 一、〇五五 |
| 英領マレイ | 三、八六六 | 四七、七九五 |
| 西領モロッコ | 一四五 | 四 |
| アルジェリア | 一、三七二 | 一、二五六 |

| | | |
|---|---|---|
| リビア | 一、七五一 | — |
| 英領ボルネオ | 一、〇四一 | 一八、七七六 |
| チュニジア | 四五〇 | 一、五六二 |
| 伊領ソマリランド | — | 二、六〇八 |
| エリトリア | 六 | 一、八七九 |

回教徒の文化程度から見た場合、日本製品は彼らにもっとも適当であり、また安価であるため、諸外国製品よりも一番需要が多いわけである。ところが、回教発祥の地アラビア地方はもとよりその他の方面においてもあまり発展しないのはどういうわけであるかといえば、彼我《ひが》交通の便否《べんぴ》、相互認識の欠如《けつじょ》、修交条約および通商協定の有無《うむ》等種々の原因によるものであるから、これらの原因の除《のぞ》かれるようになれば、対回教国との貿易も次第に発展をとげることとなるであらう。

また、間接的に回教との貿易を阻害している事実がある。それは日本商人の一部が商業道徳心にかけているということや、彼ら回教徒の生活程度が日々に向上しているということに対して無関心であるということである。在外的な原因としては中国華僑の仲介的進出、イギリス、オランダ、フランス等の経済政策から来る防遏《ぼうあつ》があげられる。

## ◆我が南洋貿易の重要性◆

我が国の対外貿易中、対南洋貿易は非常に重要なる地位を占めている。最近の統計によると、我が対外輸出総額中、対南洋輸出はその一割二分を占め、輸入総額においてもまた一割を占めている。

南洋は全世界中もっとも豊富な資源を蔵《ぞう》している。最近の工業原料の大部分は南洋より供給されているので、今後の我が対外貿易市場として南洋はもっとも大なる役割をなすべく、ことに我が国は欧米諸国に比《ひ》し地の利を占め、また民族的にも伝統的にも優越点を有している。南洋の総人口一億一千六百万のなか、約九割五分は土着民族《どちゃくみんぞく》であり、その約六割は回教徒であるため、我が対南洋貿易はすなわち対回教徒貿易というも過言ではない。

ここにいう南洋とは外南洋のことで、仏領インドシナ、英領マレイ、蘭領インドネシアおよびフィリピンを総称したものである。西はインド洋、東は太平洋、北はシナ海の間に位《くらい》する島嶼は総面積三百七十万三千平方キロメートルで、我が内地の約十倍にあたり、世界中でもっとも豊穣《ほうじょう》なる資源国である。

我が対南洋輸出貿易の顧客は、ほとんど土着民族であるが、また南洋在住の華橋六百万もまた我が商品の華客《かかく》である。けれども、土着民《どちゃくみん》の一億八百六十七万の人口に対しては華橋の数はものの数でもないが、消費力はその数に比してはるかに大なるものがある。これは彼らが主として我が輸出貿易に対し、土着民との間の仲介者の立場にあるからである。ところで、かりに土着民一人が一年間に我が商品を一円ずつ消費するとしても、一億八百六十七万人の消費高は、一年に一億八百六十七万円の巨額に達するであろう。ここに我が南洋輸出貿易の重要性がある。彼らは永遠にその邦土《ほうど》から離れない大衆であることを忘れてはならない。

ところで、南洋回教徒の日本に対する感情を記してみよう。回教徒に限らず、南洋土着民の一般が、日本を知り、日本を奪敬し、日本を憧憬《どうけい》するようになったのは、日露戦争における日本の大勝利が機縁《きえん》となったのである。白人の横暴《おうぼう》と圧制のもとに数百年の間呻吟《しんぎん》してきた彼らは、同じアジア人の一小国日本が欧州列強の一つたるロシアに大勝した事実を眼前《がんぜん》に見て、心ひそかに百万の味方を得たごとく雀躍《じゃくやく》したのである。そして、大なる期待の眼を日本にそそいできたのであった。けれども、彼らの心中にはなお一抹《いちまつ》の不安があった。それは『日本は果たして自分らに対し、満州国に対すると同様の助力をおしまないだろうか』ということである。南洋諸民族の指導者階級、知識階級たちのいつわらざる告白であるのだ。

そこで、我が国は南洋との経済的親善《しんぜん》、提携《ていけい》に対して、能動的に積極的にあたたかい手をさしのべることが、ひいては我が南洋貿易発展に貢献するゆえんであろう。前述のごとく、対南洋貿易の仲介はほとんど華橋によってなされていたが、最近では邦人が仲介業に乗り出し、実績をあげつつあるが、資本が貧弱であるのと、金融機関をもたないために、中国人、インド人、アラビア人や欧州商人の手さき仲買《なかがい》程度以上には伸びることができず、土着民《どちゃくみん》に対して利益をはかってやるまでには発達していない。しかのみならず、対外的な障害にさえぎられるのである。これは英国の搾取《さくしゅ》的資本主義が網の目のごとく張りめぐらされているためで、そのために土着民（または広くアジア諸邦の国民）たちは豊穣《ほうじょう》な資源をもっていながら窮迫《きゅうはく》にあえいでいるのである。アジアの特産物を安価に買収し、それを欧州に運んで製品となし、その製品を原価の数十倍で再びアジア人に売りつけるという奸策《かんさく》を弄《ろう》していたのである。また最近では産業開発という名目のもとに辛辣《しんらつ》な搾取をはじめている。ここで考えねばならないことは、南洋が原料生産国であるということである。近代的組織の企業はほとんど白人の企業であるが、いずれの企業もその土地の土着民と直接間接に関連をもっており、土民の経済を富ませることは彼らの購買力を増すゆえんであって、我が貿易発展のよすがともなるのである。

最後に、我が国の対外輸出入貿易における南洋貿易の地位がどんな役割を演じているか、最近数年間の統計を掲げてみよう。

| | 総輸出入貿易額（千円） | 対南洋輸出入貿易額（千円） |
|---|---|---|
| 昭和七年 | 二、八四一、四五三 | ― |
| 同八年 | 三、七七八、二六五 | ― |
| 同九年 | 四、四五四、四五四 | 四五三、三七四 |
| 同十年 | 四、九七一、三〇九 | 四八七、九〇四 |
| 同十一年 | 五、四五六、六五七 | 五六五、〇四四 |

同十二年　六、九五八、五九五　七五九、二九三

我が総輸出入貿易に対し、対南洋貿易は一割以上の地位を占め、年額五億円以上、七億円以上に達している。次に輸出入を別にした総計を掲げてみると、

| | 総輸出額（千円） | 対南洋輸出額（千円） |
|---|---|---|
| 昭和七年 | 一、四〇九、九九二 | 一五九、一三八 |
| 同八年 | 一、八六一、〇四六 | 二四九、六一四 |
| 同九年 | 二、一七一、九二四 | 二八八、二三四 |
| 同十年 | 二、四九九、〇七三 | 二八六、三三七 |
| 同十一年 | 二、六九二、九七六 | 二九〇、二七一 |
| 同十二年 | 三、一七五、四一八 | 三八五、七〇〇 |

| | 総輸入額（千円） | 南洋輸入額（千円） |
|---|---|---|
| 昭和九年 | 二、二八二、五三〇 | 一六五、一四〇 |
| 同十年 | 二、四七二、二三六 | 二〇一、五七七 |
| 同十一年 | 二、七六三、六八一 | 二七四、七七三 |
| 同十二年 | 三、七八三、一七七 | 三七三、五九三 |

## ◆日本茶と回教徒◆

アメリカ合衆国の独立は、茶の課税から
その革命の端《たん》を発したことを知らねばなら
ぬ。春秋《しゅんじゅう》の筆法《ひっぽう》をもってすれば『中国産の
紅茶、アメリカ合衆国を独立せしむ』とい
わねばならない。それはお茶だけのもつ偉

力の片鱗《へんりん》なのである。と、茶物語の著者は、
こう伝えている。
茶が世界十六億人の飲料品となってから
は、大小の差こそあれ、各国人の台所や応
接間にかくべからざる必需品として愛飲さ
れている。また、蒙古人や回教徒にとって
は、一日もかかすことのできない重要な役

割をつとめており、その生活から茶をとり去ると、たちまち闇の世界となってしまうほどである。

回教徒は緑茶を非常にたしなみ、とくにアフリカ北部の一帯では予想外の消費が行なわれている。喫茶の大体からいえば、紅茶は欧米の白色人種で、緑茶はアジア人によって消費されている。この地方が熱帯または亜熱帯であり、新鮮な野菜の不足と、アジア系統に近い有色人種であるために、緑茶に傾いているというほかはない。モロッコのごときは緑茶一点張りである。エジプトは紅茶を賞味《しょうみ》する。これは英国の植民地である関係から、英国系の紅茶を飲む。イランは緑茶。アフガニスタンも緑茶で、宗教上から禁酒の掟が守られているので、緑茶の需要は相当額に達している。ロシア国内には百数十種の雑多な民族が住んでいるため、輸入する茶の種類も多いが、その回教圏に属するところ、いわゆるトルキスタン地方では絶対に緑茶である。中国に属しているが、ロシアの匂いのする地方に新疆《しんきょう》がある。ここもまた、有教な回教徒の居住地帯で、紅磚茶《こうせんちゃ》の需要が多い。いずれにしても、回教徒と緑茶とは特別に深い関係がある。

我が国における製茶《せいちゃ》は、これまであまり顧《かえり》みられなかった。なんとなれば、国内における茶の生産高は一千三百万貫であり、輸出金額も三千万円たらずだからである。業者百二十万人の間でこそ重要産業と叫ばれてきたが、専門的の茶業地域せまく、また一年を通じての仕事でもない。輸出商品の列位《れつい》からいっても、十数位《すうい》というところにあるので、雑貨などと同様の扱いを受けやすかった。安政年間の茶の輸出は四十万斤で生糸や絹糸《けんし》とならんで貿易品の横綱格であったが、今日、絹物とはまったく桁《けた》はずれのへだたりを見せるにいたった。けれども、今次の聖戦によって、茶業は日中両国間における産業上、もっとも重大なる意義をもつにいたったのである。

緑茶の生産は日中両国に限られており、インドその他熱帯地方の茶樹では良質の緑茶はできない。インドは紅茶の産地で、有名な『リプトン紅茶』の原産地である。今や茶業は日中両国一元《いちげん》となり、その供給は統制《とうせい》せらるべき機運が動いているのである。緑茶は回教徒の生活には絶対的に必要品であるため、今後回教徒を通じて日本茶の世界的進出がなされることとなろう。

最近における回教国への茶《ちゃ》輸《ゆ》出《しゅつ》統《とう》計《けい》を掲げると、

| | 日本緑茶（ポンド） | 中国茶（担） |
|---|---|---|
| アラビア | 一、四〇〇 | — |
| イラク | 三八、〇〇〇 | — |
| エジプト | 三〇六、八一八 | 二二三 |
| トリポリ | 一、八五四、六七三 | 三九三 |
| アフガニスタン | 一、三六二、五一五 | — |
| アルジェリア | 三〇八、三〇二 | 一八、一二九 |

| | | |
|---|---|---|
| チュニジア | 八〇、三六九 | 三、〇七〇 |
| モロッコ | 一五、三七五 | 八五、三五七 |
| フィリピン | 二一、三三五 | 八八八 |
| ソビエト | 六、一七〇、一〇八 | ― |
| インド | 一、三六二、五一五 | 七、五四六 |

## ◆回教諸国と我が経済ブロック◆

回教諸国との通商貿易はまったく焦眉《しょうび》の急《きゅう》というべきであろう。ひるがえって、我が国の世界各国との対外貿易に眼を転じてみるならば、決して現下《げんか》の状勢は等閑視《とうかんし》を許さないものがある。

各国は経済ブロックを結成して対抗しつつある。例えば英国は英国で、本国は小さいけれど多くの植民地、自治領を一つにまとめて、イギリスの経済ブロックというものができた。またロシアのごときも豊富な資源を擁《よう》しているから、自給自足のできる一つの経済ブロックをなしている。この世界情勢に対して、日本も自給自足の政策を講じているが、これははなはだ至難な問題である。日本、満州、華北、華中を一丸とした経済ブロックの結成も可能であるが、それだけではまだ不足である。これを強化すべきものがなければならぬ。それが回教国、回教圏である。

現在、我が対外貿易は、日本、満州、華北の円ブロック内においては、日本がよほど輸出超過になっているけれども、満州国および華北以外の国に対する日本の対外貿易は非常に輸入超過である。円ブロック内における輸出超過は円紙幣にて決済せられ、円ブロック外の諸国よりの輸入超過に対しては、金をもって支払わなければならないから、日本の対外貿易は苦境にある。これを突破するには、金を得る方法を講じ《こう》なければならない。ここに、回教圏との貿易促進の要諦《ようてい》がある。

現在においてもこれらの諸国に対しては、日本が輸出超過の傾向にあるが、それ以上に回教圏諸国との貿易の進展をはかって、対外貿易のバランスをなるべくすみやかに調整することが必要である。この意味からでも回教国との貿易増進は目下《もっか》の急務というべきであろう。

الفصل

# 第8章

# 結論

٨

# Conclusion

310

ここに、回教徒および回教民族のいかなるものであるかがほぼ了解されたことであらう。

宗教、政治、経済、軍事、社会その他一切の事象《じしょう》を回教の経典によって統一し、これをもって回教の生活原理、治世の大訓《たいくん》となし、一朝機運《いっちょうきうん》到来せんか、たちまち宗徒《しゅうと》としての団結を結成してことに処するの気概をもっているのである。この気概があればこそ、『明日の世界勢力』として、三億五千万の回教民族が勃然《ぼつねん》と起ちあがるときが必ずや到来するであらう。かつて、アラビアの一角より起こり、数十年ならずして、アジア、ヨーロッパ、アフリカ三大州にまたがる大国を建設し、絢爛《けんらん》たる大サラセン文化を築いたその事蹟を見ても、彼らの宗教精神の建設的なることが明らかである。

したがって、我が国と彼ら三億五千万の回教民族との接触は、アジア復興の大使命達成に、いかに重大なる意義を有するものであるかは、聡明《そうめい》なる我が国民の理解にまつまでもないであらう。

（完）

# الفصل

# ٩

# 付録

# Appendix

## ◆日用アラビア語◆

一　ウアハッド

二　イスナイン

三　サラーサ

四　アルバア

五　ハムサ

六　シッタア
七　サブア
八　サマアニヤ
九　テサア
十　アーシヤラ
男　ラジヨル
女　マルア

男児　ウワラッド
女児　ビント
日曜　アハッド
月曜　アルイフナイン
火曜　アッサラサア
水曜　アルアルビイア
木曜　アルハミース

金曜　アルジュムア
土曜　アスアブト
春　アラビーア
夏　アッサイーフ
秋　アルハリーフ
冬　アシュターア
東　アッシャルク

西　アルガルブ

南　アッゾッフル

北　シマル

耳　オズオン

目　アイン

鼻　アンフ

口　ファンム

| | |
|---|---|
| 太陽 | シャムス |
| 月 | カマル |
| おはようございます | サバアルハイル |
| こんにちわ（午前・午後） | ナハラクサイド |
| さようなら | イラリッコー |
| こんばんわ | マサハルヘール |
| おやすみなさい | レーラトンサイーダ |

◆大日本回教協会趣意書◆

回教は単に世界三大宗教の一たるにとどまらずその信条にもとづく特殊の社会規範は回教徒をして世界における一種の宗教民族たらしめたり。しかもかつて歴史上に光輝を放ち世界の文化に貢献するところありしこれら回教民族の数は現に三億の多数を算《さん》しその分布地域は発祥地アラビアをはじめとしアジアを中心として広く全世界にわたれる現状にしてアジアに国をなす我が日本が回教徒および回教圏の実情を等閑視《とうかんし》すべからざるは何人といえども疑を容れざるところなり。

顧《かえり》みるに従来我が国においては一般に回教に関する知識を欠如し他方回教徒もまた我が国文化躍進の真姿について認識を深むるの機会とぼしかりしははなはだ遺憾を感ぜざるを得ざるところなり。しかるに輓近《ばんきん》回教民族の自覚復興とくに活発にして彼我《ひが》の来往頻繁を加えまた従来のごとき事態の放置を許さざるにいたれりよって我らは回教問題の根本的調査研究を行ない我が国民に回教諸国の実情を知らしむるとともに世界の回教徒に向かって我が国文運の真相を伝え相互の通商貿易を助長しもって彼我の親善関係を増進しあわせて世界の平和に寄与するところあらんとす。これ本協会設立の趣旨にして我らはこの企図が時運の要求する急務としておおかたの賛同を得べきを信じて疑わず。

◆会則抜粋◆

第三条　本会は我が国および国民と世界における回教国および回教徒との親善融和および相互の福祉増進をはかるをもって目的とす

第四条　本会は前条の目的を達成するため回教徒関係諸問題の調査および研究、文化の相互紹介、所要人材の養成、彼我《ひが》通商貿易の促進その他必要と認むる各般の事業を行なう

第十条　本会は本会の趣旨に賛しその目的達成を期する会員をもってこれを組織す

会員をわかちて左の五種とす

一、名誉会員

評議員会において推挙したる者

二、維持会員

本会のため特別の功労ありたる者にして理事会において推薦し会長の同意をへたる者または特別の維持費を寄付したる者

三、賛助会員

本会のため特別の後援をなしたる者にして理事会において推薦し会長の同意をへたる者または特別の賛助金を寄付したる者

四、特別会員
本会のため金五百円以上を寄付したる者
または本会のため勤務したる者にして理事
会において推薦したる者
五、普通会員
会費として年額金十二円を納入する者
（十年間継続納入したる者は爾後《じご》会費の納

入を要せず）または一時に金一百円以上を
納入したる者

第十一条
維持会員、賛助会員および特別会員は第
十四条の規定により本会の役員たり得るも
のとす

名誉会員、維持会員および賛助会員は会務に関し本会役員と同様の報告を受くるものとす

各会員は本会機関誌その他本会刊行物の頒布を受くるものとす

# 付録

大日本回教協会発行機関誌

# 回教世界

月刊　定価金五十銭

イスラム諸国研究の重要性は東亜新秩序建設の進展とともにますます加わってきた。回教民族、宗教、経済、産業、国際事情、回教圏の動向、読み物等々の各分野にいたるまで完璧の内容。広範囲にわたる回教問題の研究書として好評嘖々《さくさく》。購読ご希望の向きは直接本会または最寄の書店にお申込みください。

昭和十四年十月二十五日　印刷
昭和十四年十一月一日　発行

【回教圏《かいきょうけん》早わかり】

定価二十銭

著者　大日本回教協会

発行者　東京市麹町区麹町一丁目八番地
川原信一郎

印刷所　東京市芝区西久保巴町七〇番地
安久社

印刷人　東京市芝区西久保巴町七〇番地
福井安久太

発行所　東京市麹町区麹町一丁目八番地
大日本回教協会
電話九段二二〇七番
振替東京六一六三三番

قرآن

لا إله إلا الله محمد رسول الله

# 回教圏《イスラム教》早わかり

通常
活字
普及版

大日本回教協会

# 目次　回教圏早わかり

序　347
回教徒分布状況　348
助言　356
第一章　回教とはどんなものか　359
回教の名称　360
回教の教義、信仰、勤行　362
回教の宗派　368
コーランとは何か　369
マホメットの生涯　371
第二章　回教徒の生活　375
回教徒の戒律　376
回教の暦　378
ラマダーンの断食　382
メッカ巡礼　385
回教徒の人情、風俗　388
回教徒の結婚　390
ハレムの中の回教女性　394
第三章　回教諸国の盛衰　397

第四章　回教圏とは何か　403
第五章　忍従を強いられた回教民族　407
第六章　いわゆる回教圏以外の各国における回教徒　411
日本の回教徒　412
満州国の回教徒　415
中国の回教徒　416
ソビエトの回教徒　418
インドネシアの回教徒　419
フィリピンの回教徒　420
インドの回教徒　421
第七章　回教国の産業と貿易　423
恵まれた回教国の産業資源　424
回教国と我が国との貿易　427
我が南洋貿易の重要性　431
日本茶と回教徒　436
回教諸国と我が経済ブロック　439
結論　441
日用アラビア語案内　446
大日本回教協会会則　450

## 表記について

回教＝イスラム教

回教徒＝ムスリム

（イスラム教徒）

回教寺院＝モスク

マホメット＝ムハンマド

サラセン＝イスラム

# 序 الفصل
# Introduction

## 回教徒分布概況

### 一、独立国を形成しているもの（総計の二三、三％）

| | |
|---|---|
| トルコ | 二〇、〇〇〇、〇〇〇人 |
| イラン | 一五、〇〇〇、〇〇〇人 |
| アフガニスタン | 一〇、〇〇〇、〇〇〇人 |
| イラク | 三、〇〇〇、〇〇〇人 |
| エジプト | 一五、〇〇〇、〇〇〇人 |
| サウジアラビア | 四、五〇〇、〇〇〇人 |
| イエメン | 六、〇〇〇、〇〇〇人 |
| 計 | 七三、五〇〇、〇〇〇人 |

# 回教民族分布図

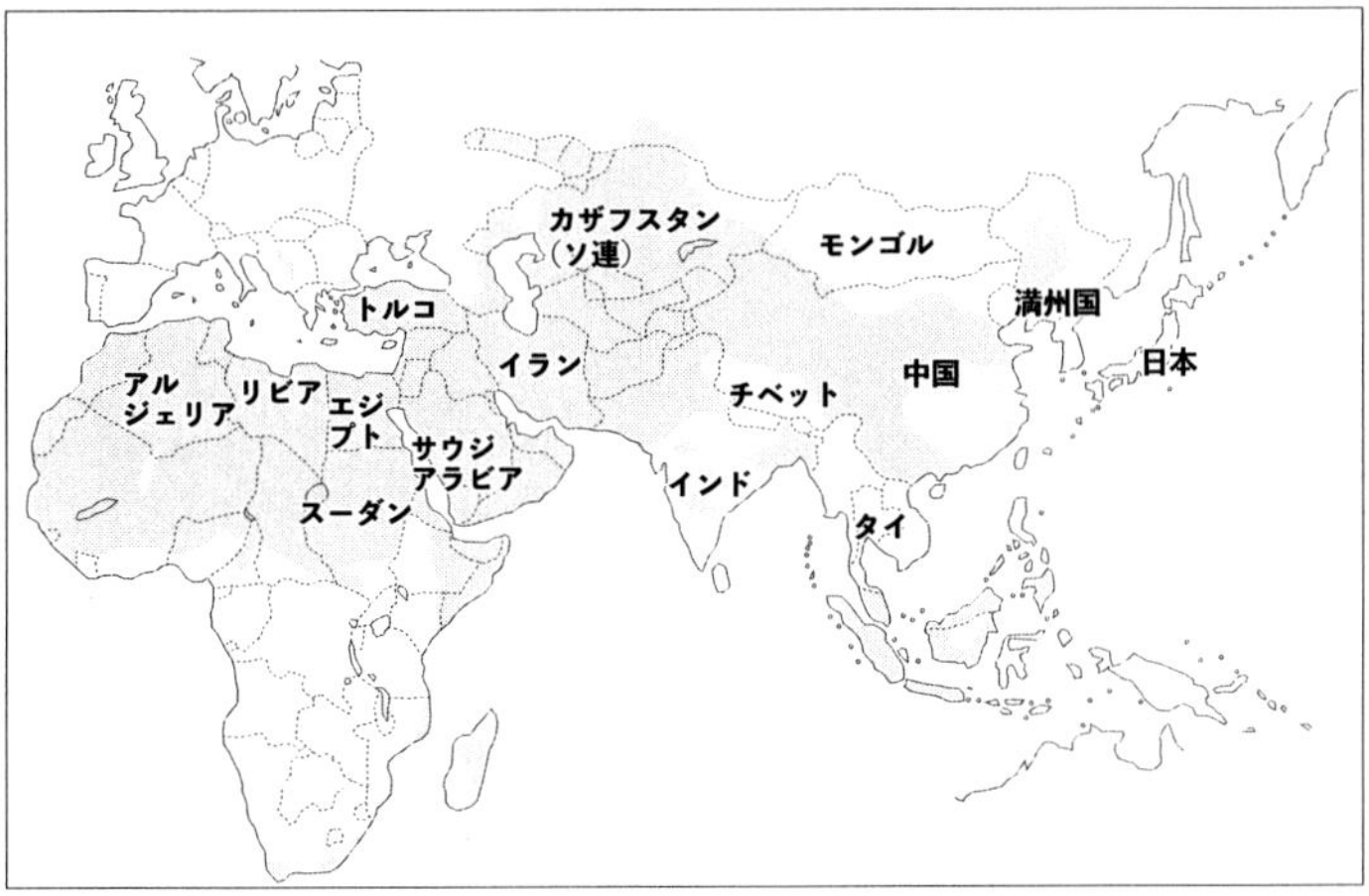


上の図は 1939 年出版の『回教圏早わかり』掲載図をもとに作製

二、半独立状態にあるもの（総計の〇、五%）

| | |
|---|---|
| ハドラマウト | 四〇〇、〇〇〇人 |
| トランス・ヨルダン | 五〇〇、〇〇〇人 |
| オマーン | 六〇〇、〇〇〇人 |
| 計 | 一、五〇〇、〇〇〇人 |

三、他国の植民地となりその統治下にあるもの

A　イギリス領（総計の二九、八％）

| | |
|---|---|
| インド | 七七、〇〇〇、〇〇〇人 |
| マレー | 二、五〇〇〇、〇〇〇人 |
| アデン地方 | 四〇〇、〇〇〇人 |
| パレスタイン | 九〇、〇〇〇人 |
| スーダン | 四、五〇〇〇、〇〇〇人 |
| ソマリランド | 四〇〇、〇〇〇人 |
| ケニア・ウガンダ・タンザニア | 一、五〇〇〇、〇〇〇人 |
| ナイジェリア | 七、七〇〇〇、〇〇〇人 |
| その他 | 四〇〇、〇〇〇人 |
| 計 | 九五、三〇〇〇、〇〇〇人 |

## B　フランス領（総計の八、二%）

| | |
|---|---|
| アルジェリア | 六、五〇〇、〇〇〇人 |
| チュニジア | 二、五〇〇、〇〇〇人 |
| モロッコ | 六、〇〇〇、〇〇〇人 |
| シリア | 二、五〇〇、〇〇〇人 |
| インドシナ | 三〇〇、〇〇〇人 |
| 西アフリカ | 六、四〇〇、〇〇〇人 |
| 東アフリカ | 一、〇〇〇、〇〇〇人 |
| ソマリランド | 三〇〇、〇〇〇人 |
| マダガスカル | 七〇〇、〇〇〇人 |
| 計 | 二六、二〇〇、〇〇〇人 |

**C　イタリア領（総計の一、六％）**

リビア（トリポリ、キレナイカ）　六〇〇、〇〇〇人
ソマリランド・エリトリア・エチオピア　四、七〇〇、〇〇〇人
アルバニア　九〇〇、〇〇〇人
計　六、二〇〇、〇〇〇人

**D　オランダ領（総計一八、八％）**

インドネシア　六〇、〇〇〇、〇〇〇人

**E　ポルトガル領（総計〇、二％）**

モロッコ　七〇〇、〇〇〇人

**F　ソビエト領（総計の一二、七％）**

中央アジア・コーカサス　二〇、〇〇〇、〇〇〇人

四、その他各国に少数民族として介在するもの（総計一一、三％）

| | |
|---|---|
| 中国本部 | 一〇、〇〇〇、〇〇〇人 |
| 中国辺境地方 | 二〇、〇〇〇、〇〇〇人 |
| 満州国 | 三、〇〇〇、〇〇〇人 |
| タイ | 四〇〇、〇〇〇人 |
| ユーゴスラビア | 一、五〇〇、〇〇〇人 |
| ブルガリア | 三〇〇、〇〇〇人 |
| ルーマニア | 二〇〇、〇〇〇人 |
| ギリシャ | 一〇〇、〇〇〇人 |
| その他に散在せるもの | 五〇〇、〇〇〇人 |
| 計 | 三六、〇〇〇、〇〇〇人 |

**総計　三一九、四〇〇、〇〇〇人**

## 助言

晩近《ばんきん》世人の回教徒および回教圏諸問題に対する関心がいちじるしく高まってきた。本協会はつとにパンフレット、回教世界の発行、講演会、座談会の開催等あらゆる機関、機会を利用して回教圏対策の必要性を強調してきたが、一般邦人の認識にいたっては未《いま》だしの感が深い。もちろんこれには種々理由もあるだろうが、従来回教圏問題を平明適切《へいめいてきせつ》に紹介した書物がなかったのも一つの原因であるといえる。

回教圏展覧会開催を機として、回教圏諸事情をかんたんに説述する回教圏早わかりを発行することとした。これにより世人の回教圏に対する認識が幾分にでも深められるならば幸甚《こうじん》である。蒼惶《そうこう》の間、また紙数の都合上充分その意をつくすことができなかった点大方のご宥恕《ゆうじょ》をこう次第である。

大日本回教協会

١

الفصل

# 回教とはどんなものか

# 第1章

# What is Islam ?

# 第一章

# 回教とはどんなものか

## 回教の名称

回教とは中国人の称《とな》えた回々教《フイフイきょう》の略称で、回々の宗教という意味であるが、正しい名称はイスラム教というのである。

これはアラビア語の『アスラーマ』から来ている言葉で、神に帰依《きえ》することを意味し、神に帰依して人に善を施《ほどこ》し、迷うことなく平和な心をもつ人をムスリムというのであって、このイスラム教を西欧人は教祖の名をとって、マホメット数とも呼んでいるが、教徒たちはこれを喜ばない。イスラムの意味をとって、中国では清真教《せいしんきょう》、伊斯蘭《イスラム》等と称している。回教という名称は、日本と中国における回教徒以外の者にもちいられているだけである。

教祖のマホメットは自ら新宗教を創立《そうりつ》せりとは決していっていない。彼は神の啓示《けいじ》せし古えよりの宗教を唱道《しょうどう》するものであるとし、コーランの中の『我らはアブラハムの宗教にしたがう、アブラハムは偶像信者《ぐうぞうしんじゃ》にあらず、正統なる敬神者《けいしんじゃ》なり。我らは神を信ず、また我らに示されたる神を信ず。アブラハム、イスマエル、イサク、ヤコブその他の種族に示されたる神を信ず。モーゼまたはキリストに示されたる神を信ず。主より預言者《よげんしゃ》に示されたる神を信ず。我らはその間に差別をおかず。我らはすべてを神に委《ゆだ》ねまつるなり』とあるは教祖開教《かいきょう》の意志である。なお、また『我なんじらに教としてイスラムを撰《えら》べり』とコーランにあるので、これをイスラム教名の典拠《てんきょ》であると説くものもあるが、一説には唯一神が人類の始祖アダムにあたえた教が、その後堕落《だらく》したのでアブラハムが復興し、これをその子イスマエルに伝え、それより再び堕落したのをマホメットが再興したという経路から、イスマエルの教を奉《ほう》ずる宗教と称していたのが転訛《てんか》して『イスラム』となったという説もある。

中国人がなぜ回々教と称したかというに、中国に回教の入ったのは唐朝時代で、その後新疆《しんきょう》地方の住民回紇人《ウイグルじん》がイスラム教を信仰したので回紇人の宗教と称せられ、これが転化して回々教なる名称が生じたといわれる。しかしながら中国の回教徒は教名を天方教《てんほうきょう》と称し、またその内容から清真教と称え、回教の寺院を清真寺と呼んでいる。

## 回教の教義・信仰・動行

回教の教名イスラムは前に述べたごとく、平和、安全、救済、恭敬《きょうけい》等を意味するもので、平和教、安住《あんじゅう》の教ともいうべきで、非平和的宗教のごとく伝えられているのは、白人異教徒の悪宣伝《あくせんでん》の結果である。コーランの中にも『信仰は強制せらるべきものにあらず』と啓示されている。

回教は唯一神アラーを信ずる教で、回教徒は世界の一切の現象、日常生活、また個人の精神まで、すべてこのアラーの支配下にあると信じて疑わない。人間の運命と行為とは神意《しんい》によるものであるとし、預言を信じ、絶対に偶像崇拝を退ける。その信仰箇条《しんこうかじょう》は十箇条規定され、最初の六箇条は『信仰』に関することで、終わりの四箇条は『勤行《ごんぎょう》』すなわち戒律《かいりつ》である。

**信仰《しんこう》**

『アラーを信ずること』
『天使を信ずること』
『コーラン（経典）を信ずること』
『預言者を信ずること』
『復活および最後の審判を信ずること』
『宿命を信ずること』

**勤行《ごんぎょう》**

『祈祷礼拝《きとうらいはい》』
『喜捨』
『断食』
『巡礼』

右のごとく、回教の教義は信仰と勤行の二つから成立しているのである。

## 第一　アラーを信ずること。

アラーは全智全能《ぜんちぜんのう》の絶対神で、何人もこれに抵抗することはできない。これは回教信仰の根幹《こんかん》をなすもので、マホメットは常に一本の指を示し『神のほかに神なし』と説き、コーランの第一には『マホメットは神の道を伝うる預言者なり』と示している。回教に帰依《きえ》するものは、第一にこの経文を称《とな》えて宣誓するのである。アラーとは、古えよりアラビアの各部落に崇拝せられた自然であったが、マホメットにより唯一至上神《しじょうしん》に統摂《とうせつ》されたのである。

## 第二　天使を信ずること。

天使とは神より地上に遣《つか》わされたる使いで、アラーに奉仕する清浄無垢《せいじょうむく》の霊魂である。復活の天使、保護の天使、死を司《つかさど》る天使、復活のときラッパを奏《そう》する天使、善悪を記録する天使、信仰の有無を試問《しもん》する天使があり、これら天使を信ずることによって、はじめて天啓《てんけい》を信じえるもので、天使の信仰は神の信仰とともに回教の大切な信仰箇条《しんこうかじょう》である。

**第三　コーランを信ずること。**

コーランは回教の信仰指導書であり、法典であり、教徒の生活規範書《きはんしょ》である。（コーランについては後述）

**第四　預言者を信ずること。**

預言者とは神が地上の人間を教え導くために人間として遣《つか》わされたもので、預言者は天使を通じあるいは夢想、霊感によって神の言葉を聞き、これを人間に伝えるものである。

**第五　最後の審判と復活を信ずること。**

来世《らいせ》に対する信仰である。最後の審判の日が来ると、神は各天使の調書《ちょうしょ》によって各々の霊の審判を行ない、それぞれの肉体にあたえる判決にもとづいて天国または地獄に送るのである。

**第六　宿命《しゅくめい》を信ずること。**

宿命は、人事をつくして天命を待つという意で、これが回教の天命の本義である。

以上は信仰の説明であるが、回教は実践的《じっせんてき》宗教である。次に勤行《ごんぎょう》の四箇条を述べよう。

**第一　祈祷礼拝《きとうらいはい》**

マホメットは『祈祷は宗教の柱にして天国の鍵なり』といっている。

回数は偶像を極力排斥するため、礼拝の対象となるべき像をもたない。

各人は毎日五回聖地メッカの方向に向かって礼拝を行なう。

**第二　喜捨《きしゃ》**

喜捨は施物《せぶつ》ともいい、収得《しゅうとく》の十分の一を標準としている。

喜捨されたものは、失業救済《しつぎょうきゅうさい》、貧民施療《ひんみんせりょう》その他一般社会事業、

また宗教の弘通費《ぐずうひ》として使用される。

### 第三　断食

回教徒は回教暦の九月（ラマダーン）の一ヶ月間、断食して修業をなす。

もっとも断食は昼間で日没後《にちぼつご》は軽い食物を採ることは許されている。

### 第四　巡礼

巡礼は聖地巡礼の戒律であって、回教信仰の中心地であるメッカにあるカーバ聖殿およびマホメットの墳墓《ふんぼ》の地メディナに参拝することで、巡礼の期日は回暦の十二月である。

## 回教の宗派

回教の宗派は七十三派にわかれているといわれているが、マホメットは生前《せいぜん》弟子たちに予言したといわれている。事実は七十八派にわかれている。

これを大別してみると、スンニ派とシーア派すなわち正統派と分離派に二大別することができる。現在、世界の全回教徒は約四億といわれているが、その九十一％はスンニ派に属し、八％がシーア派、その他の宗派が一％となっている。

スンニ派に属する民族は、アフガン、トルコ、アラビアの大部分、インド北部の回教徒、南洋および中国の回教徒である。

シーア派に属する民族は、主としてイランすなわちペルシャ人である。

シーア派とスンニ派は宗派が異なるごとく、教主権の相続問題、信仰箇条《しんこうかじょう》の細かい点でいろいろ相違している。一般戒律に対しても、シーア派はスンニ派に比して自由である。ある程度の生活の自由を認められているシーア派教徒の自由主義は、おそらくイラン人の血の中にひそむ国民性から出ているものであろう。

## コーランとは何か

コーランとはユダヤ語のカラーと同意義で、『読む』または『集《あつ》む』の義である。

回教の聖典として、回教徒が遵奉《じゅんぽう》する『聖なる書』で、回教徒の日常生活の規律であり、信仰箇条を示すものとして、あまねく教徒間の尊敬と信奉《しんぽう》の目的となっている。この書は左の五つの思想に立脚して記されたものである。

一　宇宙の創造主たる唯一神を信ずること。

二　人間相互の慈恵親和《じけいしんわ》を旨《むね》とすること。

三　煩悩罪障《ぼんのうざいしょう》を禁制すること。

四　報恩謝徳《ほうおんしゃとく》を行なうこと。

五　未来世《みらいせ》を信ずること。

コーランは全部メッカで使用されたクライシュ族のアラビア語で書かれ、マホメットが預言者の資格のもとに、アラーから啓示された言葉であると信ぜられている。その内容は章《しょう》と句《く》とからなり、章は百十四にわかれているが、句は章によってその数は一致していない。各句美しい韻《いん》をもっており、文学としても立派なものである。

回教徒はコーランは神によって記され、神の命によって天使がくだしたものと信じているので、この経典に対する態度はもっとも敬虔《けいけん》で、読誦《どくしょう》するときは斎戒沐浴《さいかいもくよく》し、少なくとも口をそそぎ、両手を浄《きよ》め、礼拝したのちでないと読まない。コーランの表紙には『浄めざるものをして触れしむることなかれ』と書いてある。

これを捧《ささ》ぐるときは、決して自分の帯《おび》より下にすることを禁ぜられ、信者の誓いはこれに接吻することで、軍隊はコーランを戦勝の護符《ごふ》として携帯し、また、軍旗に一句を記して軍隊を鼓舞《こぶ》する。人智で容易に決することのできないときは、無意識にこれをひらいて、その文字を読み、その善悪を判断するなど、神聖にして犯すべからざるものとされている。

## マホメットの生涯

　マホメットは西紀五七〇年の八月二九日、メッカの地に誕生したと伝えられている。マホメットが生まれたときには、父親のアブドゥッラーはすでにこの世の人ではなく、母親のアーミナがただ一人残っていた。当時、彼の家はメッカの町を支配していたクライシュ族であるハシーム家に属し、彼の祖父は有力なる官職に就いていた。

　母はマホメットが六歳のとき永眠したので、彼はわずかの遺産である一人の女奴隷と一頭のレイヨウをつれて、祖父のアブドゥル・ムッタリブのところに行った。そして、三年の間祖父の膝下《しっか》で養われたのであったが、不幸な孤児マホメットに幸運は訪れなかった。祖父の死は、またマホメットを叔父アブー・ターリブのところに追いやったのである。

　マホメットの一門は昔から名門であったが、祖父も父も、また叔父も貧乏だった。マホメットは貧しい叔父を助けて、家畜を監視したり、使い走りまでした。そして、青年になったマホメットは読み書きする暇もなかったので、普通の人よりも物事《ものごと》を知らなかった。それだけ、彼はすべてのことに内気な考え込む性質になっていた。それは若いときから逆境《ぎゃっきょう》に育ってきた結果かもしれない。

内気な青年マホメットが二十五歳のころ、メッカにいた富裕《ふゆう》な商人の寡婦《かふ》ハディージャに手代《てだい》として雇われたのである。彼は懸命に働き、ハディージャの信用を得、遠くシリア地方にまで商用で旅行した。彼は旅行中、キリスト教やユダヤ教徒たちと交際をし新しい宗教に目覚めたのであった。その後、まもなく彼は四十歳のハディージャと結婚した。

この結婚は、孤児のマホメットにとって心の糧《かて》であった。ともに、愛妻のたくわえた巨万の富をも得、一躍《いちやく》メッカの人々から注目されるようになった。マホメットは生まれつき商才に富んでいた。ハディージャと結婚してからはますます家が富み、幸福な商人となった。ハディージャは前の結婚生活によって二人の子をもっていたが、マホメットによく仕え、マホメット自身の血を承《う》けた子供も生んだ。こうした幸せな生活が十五年間つづき、二人の間には三男四女《さんなんよんじょ》があげられたのであった。

けれども、この幸福はマホメットの心に満ち足りたものではなかった。生まれつきの内気な性質は、彼をめぐる周囲に対して心の痛みとしてうずいてくるのだった。

マホメットの心の痛みは何であったか。そのころ、メッカの町はアラビア隊商のメトロポリスであった。このメッカの支配階級《しはいかいきゅう》であるクライシュ族は、豪商アブー・スフヤーンを中心として独占団体をつくり、隊商から貿易の巨利を占めていた。そして、富と権力とを濫用《らんよう》して民衆を圧迫し、豪奢《ごうしゃ》と不徳の生活をしていた。名門に生まれながら幼いときから貧苦《ひんく》と闘い、生活に苦しむ人々の姿をまざまざと見てきたマホメットは、これらの不正不徳《ふせいふとく》をひそかに嘆いた。悲惨な民衆の姿を見るに忍びなかった。そして煩悶《はんもん》した。その煩悶はマホメットに教えた。

『自分だけ安住の地におり、おのれ独り幸福な家庭に閉じこもるべきではない』

かくて、彼は夜ごとにメッカの近郊にあるヒラーの丘の洞窟に静坐《せいざ》して、深い瞑想にふけり、この大きな問題の解決の鍵をつかもうと決心したのである。平凡な商人マホメットは、こつ然と自分の職業をなげうち、髭を剃らず、衣服も着替えず、沙漠の中を彷徨《ほうこう》し、洞窟の中にこもっては瞑想にふけったのだった。

ある夜、マホメットは瞑想の中で、アラーの神の啓示《けいじ》を得たのである。平凡な商人マホメットの気質はたちまちの間に大変化をきたし、一夜にして神の使徒となり、天才的政治家となり、輝かしい武将となった。愛妻のハディージャはマホメットが神から預言者として、この世に遣《つか》わされた使徒であることを、最初に心から信じたのである。愛妻の次にマホメットの信仰の人となったのは、叔父の息子で従弟のアリーであった。彼は神の啓示を説き、周囲の人々を誤《あやま》れる生活から救済しようと起ちあがったけれども、マホメットの前途には荊棘《けいきょく》の道があった。支配者で富豪のクライシュ族はマホメットを迫害した。その迫害に抗《こう》して彼は敢然《かんぜん》と立ち、社会悪を攻撃し、偶像崇拝の非を叫んだ。

かくして、マホメットはメッカを逃れてメディナに移った。西暦紀元六百二十二年でこの年が回教紀元元年である。メディナにおいてマホメットは町の長《おさ》として非凡な政治家としての手腕をふるったのである。メッカはメディナを憎み、機会あらばメディナを陥落させようと、手段を講じて攻撃してきた。西紀六三〇年、メッカの人々が、メディナの住民を多数殺害した。それが原因となって、メッカ征服の火蓋《ひぶた》が切られた。マホメットは一万の精鋭《せいえい》をひきいてメッカに向かった。が、ほとんど一戦を交えずして、メッカはマホメットの聖旗《せいき》のもとにくだった。かくて、十万の信徒がマホメットのもとに馳《は》せ参じた。

マホメットはこれら信徒に

『妻を愛せよ、奴隷を優遇《ゆうぐう》せよ、回教徒はわが同胞である』と叫んだ。

マホメットは西記六三二年六月八日、六十年の生涯を閉じたのであったが、彼が布教に専念してから死にいたるまでのわずかな生涯の間に、東はペルシャから西は北アフリカ、トリポリより遠くスペインにおよぶような政教一致の大サラセン帝国の基礎を築いたのであった。

回教徒の生活

الفصل ٢

# 第2章

# Life of Muslim

# 第二章

# 回教徒の生活

## 回教徒の戒律

回教の戒律《かいりつ》は、他の宗教とほとんどかわりはないが、教徒たちはこの戒律を厳重に守ることを掟《おきて》としている。

回教においては罪悪は、種々に分類されるが、大罪は、アラーに対する不信、神恩《しんおん》の忘却、殺生、邪淫、窃盗、飲酒、偽証《ぎしょう》、偽誓《ぎせい》、不孝、貪婪《どんらん》、魔法、変態的行為等である。

食物に関しては厳重な掟があり、如法《ハラル》と不如法《ハラム》とに定められ、鳥獣《ちょうじゅう》を屠殺《とさつ》する場合など一定の法式があって、この法式によらないものは不如法なりとされて絶対に食用に供《きょう》せられない。また豚肉は不浄のものとして、決して回教徒の食卓に載せられない。アヘンや酒類もすべて不如法《ハラム》（大禁）である。喫煙もキリスト教と同様に禁ぜられているが、時には如法《ハラル》として許されている。

前述したごとく、中国では回教のことを清真教《せいしんきょう》ともいい、回教徒の出入する宿屋、飲食店等にはすべて『教門《きょうもん》』または『清真館』という看板が門口に掲《かか》げられている。これは、回教徒が豚肉を食らわず、一般に羊肉《ようにく》を常食し、しかも、回教徒の手で呪文を唱えて屠殺《とさつ》したものでないと食ってはならない戒律があるため、かくのごとき看板を掲げて、安心して教徒が食事をとれるようにしたのである。つまり、回教徒の宿屋、飲食店ということを明らかにしているのである。中国の回教徒に、屠殺者が多いのは宗教的生活に基因《きいん》するためであらう。

## 回教の暦

回教の暦は古代からのアラビアの暦法《れきほう》をもちい、計算は陰暦《いんれき》である。一年を十二月に分かったのは太陽暦と同じであるが、回教暦の一年は三五四日で、太陽暦より十一日少ない。

| | | |
|---|---|---|
| 一月 | ムハッラム | 三十日 |
| 二月 | サファル | 二十九日 |
| 三月 | ラビー・アルアッワル | 三十日 |
| 四月 | ラビー・アッサーニー | 二十九日 |
| 五月 | ジュマーダー・アルウーラー | 三十日 |
| 六月 | ジュマーダー・アルアーヒラ | 二十九日 |
| 七月 | ラジャブ | 三十日 |
| 八月 | シャーバーン | 二十九日 |
| 九月 | ラマダーン | 三十日 |
| 十月 | シャッワール | 二十九日 |
| 十一月 | ズー・アルカーダ | 三十日 |

十二月　ズー・アルヒッジャ　　　二十九日
合計　三五四日

一年三百五十四日では、太陽の運行よりも進みすぎるから、三十ヶ年に十一回の閏年《うるうどし》をもうけ、二年または三年ごとに第十二月の日数を一日増加している。けれども、一般の陰暦のごとく、閏月《うるうづき》を追加する制度がないから、回教暦の月日と気候との関係は年々少なからず移動している。

月のはじめは、新月の出現をもって毎月の一日とし、太陽の西に没《ぼっ》する時刻を一日のはじめとしている。時刻は一時より十二時を一昼夜《いっちゅうや》に二回かぞえる。ただし、正午が十二時ではなく、事実上の日没、またはそれより四分後に叫ばれる日没の礼拝《らいはい》の呼声《こせい》の聞こえるときを十二時としている。回教暦が世界一般の暦と一致するのは、週の区分で、七日をもって一週とし、日曜日を第一日と呼び、金曜日を『集まりの日』とし、ユダヤ教の土曜日およびキリスト教の日曜日に該当《がいとう》する特定の礼拝日とされている。月、水、木、金は吉日《きつじつ》。日、火、土は不吉な日と信じられている。

**第一月（ムハッラム）**は、『禁止されたる』また『神聖なる』という意味をもつ月で四聖月の一つである。この月に争闘《そうとう》、戦争するのは不法とされている。回教徒はこの月を非常な吉月とし、回教の一派たるスンニ派は、最初の十日の間に、アダムとイヴ、天国と地獄、生と死が創造されたと信じている。第十日は、アシューラーと称する断食日である。

**第二月**（**サファル**）は、『空虚《くうきょ》』を意味し、アダムがエデンの園《えん》から追われた月と伝えられている。回教徒にとってもっとも不吉な月と信じられ、またマホメットが病を得たのもこの月という伝説もある。

**第三月**（**ラビー・アルアッワル**）は、『春』という意味で、第十三日はインドの諸地方、トルコおよびエジプトではマホメットの誕生日と認められている。

**第四月**（**ラビー・アッサーニー**）は、『次の春』を意味している。

**第五月**（**ジュマーダー・アルウーラー**）は、『水の氷結する季節』の意味といわれ、第二十日はオスマントルコ軍がコンスタンティノープルを占領した記念日にあたる。

**第六月**（**ジュマーダー・アルアーヒラ**）は、『次の氷結』を意味している。

**第七月**（**ラジャブ**）は、『尊敬』を意味し、神聖な四つの月の第二といわれ、戦争を禁止されている。第一金曜日の夜（太陽暦の木曜日夜）は、マホメット受胎《じゅたい》の日として、熱心な信徒は礼拝に一夜《いちや》を明かす。第二十六日はマホメット昇天《しょうてん》の夜とされている。

**第八月（シャーバーン）**は、『分離《ぶんり》』の意味で、シエル・イ・ナビー（預言者《よげんしゃ》の月）ともいわれている。この月の十五日はシャッブ・イ・バラート（記録《きろく》の夜）と呼ばれ、この夜は神が各人の一年中になすべきすべての行動を記録すると信じられている。またマホメットが回教徒に徹夜して百回の屈伸礼拝《くっしんれいはい》を繰り返せと命じたのはこの夜という。

**第九月（ラマダーン）**は、『暑《あつ》くなる』というアラビア語の動詞『ラマダ』から出たもので、コーランが天界から人間界にくだされた月として断食が挙行《きょこう》される。この月の二十七日はライラト・アル・カドル（力の夜）と呼ばれ、一切の動物は神を讃美《さんび》してひれ伏すと信じられている。

**第十月（シャッワール）**は、『尾《お》』の意味である。これは七八ヶ月間はらんでいたラクダが尾をあげる月で、狩猟《しゅりょう》の月ともいう。アラビア人はこの月に結婚することを不吉としている。

**第十一月（ズー・アルカーダ）**は、『休戦の月』の意で、古代のアラビア人はこの月には戦わない習慣があった。

**第十二月（ズー・アルヒッジャ）**は、『巡礼《じゅんれい》の月』を意味し、一年の神聖な月の一つとされ、世界各国から信徒がメッカに集まる月である。

## ラマダーンの断食

ラマダーン（回教暦の第九月）は、『貴《たっと》いラマダーン』と呼ばれる神聖な月の一つでトルコではラマザーンといわれている。この月には、回教の行事として有名な断食が行なわれる。

断食は祈祷《きとう》の斎戒《さいかい》に属する修行で、貪欲《どんよく》の穢《けが》れより清浄《せいじょう》に入ることで、神以外一切の俗事俗物《ぞくじぞくぶつ》より離れ、新月の夕べより満一ヶ月の間続けられるのである。この期間中は生殖《せいしょく》および死の穢れより脱して断食し、抱擁《ほうよう》、握手、接吻、交語さえ厳禁されている。

コーラン第二章牝牛《ひんぎゅう》の一八五節に、

『ラマダーンの月はコーランの啓示せられたる月なり』

と記され、マホメットがアラーの神からコーランを授かった月として、回教徒にとっては祝福の月である。また、この月の、二十一、二十三、二十五、二十七、二十九の各日の夜を『全能の夜』と称し、教徒は神を讃《たた》え、神に感謝し、コーラン全部を暗誦《あんしょう》する。

ラマダーンは古代アラビア人の間では、商業上の便宜《べんぎ》のためにもうけられた平和の月休戦の月であったが、マホメットが開教《かいきょう》してから『神聖な月』となり、さらに『断食の月』となったのである。この断食は、教祖マホメットが、ヒラーの洞窟で一ヶ月のあいだ断食苦行した後、聖なるコーランを天使ガブリエルの手を通じて、アラーの神から授かったその時の苦行を忍《しの》ぶためで、一切の快楽、欲望を禁じ、専心神を念じて勤行《ごんぎょう》するわけである。この一ヶ月間は日の出から日没までおごそかに行なわれるのであるが、全然断食することは人間としてはなはだ困難なため、暁《あかつき》の祈り以前に食をとり、日没時の祈りの後、再び食事をすることを許されている。けれども、日中はいかなることがあっても断食し、茶や水を飲むことはもちろん、唾《つば》を飲むことさえ厳禁されている。また身を清めるため口を洗わねばならないが、そのとき誤って水を咽喉《のど》に通せば、やはり断食の禁を犯したことになる。断食苦行は回教に限らず、他の宗教にもあるが、これは一つの身心鍛錬《しんしんたんれん》である。回教の場合も忍苦修養《にんくしゅうよう》の苦行で、その起こりは熱帯の沙漠における衛生思想の変形というべきであらう。けれども、これを三十日間継続することは容易なことではない。ことに回教暦が特殊《とくしゅ》な暦で、ラマダーンの断食の季節が一定していないため、春夏秋冬かわるがわるめぐってくるので、斎戒者《さいかいしゃ》にとって難行苦行である。そこで、マホメットは夏期に遭遇《そうぐう》した場合、老人や病人、幼児、婦女子には特別の例をもうけている。

一、子供を産んでまだ四十日以内の産婦《さんぷ》ならば、ラマダーンの断食をする必要はない。
一、重病者は断食を免《めん》じ、全快後日《ひ》を改めて行なうこと。
一、旅行中は断食の必要なく、帰省後改めて行なうこと。
一、聖戦にある勇士は断食をする必要はない。

かくて三十日の断食がすむと、回教暦の十月一日より三日間、断食明けの祭が各地で盛大に行なわれる。教徒たちは暁《あかつき》の鐘を聞いて回教寺院へ行き、導師《イマーム》の指導のもとに合同礼拝を行なうのである。礼拝がすむと、回教徒は自宅に帰り、砂糖菓子をつくり、親戚その他隣人《りんじん》を招待して、神に感謝を捧げる。町々はどこの店も美しくかざり立て、回教寺院の尖塔にはたくさんの灯明《とうみょう》がつき、芝居、興行物が軒《のき》をならべ、飲食店も料理屋も声をかぎりに客を呼ぶというにぎやかさである。これを、イード・アルフィトル（断食明けの祭）という。

## メッカ巡礼

『メッカに巡礼せずして死したるものは、ユダヤ教、キリスト教の死に同じく、何らの特典をこうむることなし』

と、マホメットはコーランの中に説いている。それほど、メッカ巡礼は回教徒の勤行《ごんぎょう》の中で、もっとも重大なる戒律の一つである。

回教暦の第十二月、回教信仰の中心地であるメッカの霊場《れいじょう》を中心として、この行事は月の七日から十日にいたる四日間、きわめて厳粛《げんしゅく》に行なわれるのである。巡礼者は神の前には貧富の差別なく、いずれも、上下二枚からなる縫《ぬ》い目なしの巡礼服を着て、回教の精神にしたがって同一の生活を営むのである。

メッカの巡礼をすますと、ハッジの称号を得、特別のターバンを頭《かしら》に巻くことを許され、一般教徒から長老として尊敬される。そこで、回教徒は一生に一度は必ずメッカの本山へ巡礼におもむこうとするのである。マホメットのメッカ征服《せいふく》以来、今年にいたるまで一千三百余年間（回教紀元一三五八年）、毎年《まいねん》、世界各国からメッカへ詣《もう》でんものと集まり来る回教徒の数は、年々十数万人から四五十万人を数えられる。

この巡礼は真の回教徒でなければならぬ。メッカは異教徒絶対禁止の地であるためメッカに入る前に役人が取り調べ、回教名、本籍、父親の宗教、母親の宗教、回教を信仰した年月を記録し、さらに、コーランの第何章を暗誦《あんしょう》させるという、厳粛な詢問《じゅんもん》が続けられ、もし異教徒であった場合には、聖地を汚《けが》したかどでたちどころに撲殺《ぼくさつ》の憂《う》き目にあうのである。

かくして、聖なる信徒たちは、経文《きょうもん》を唱えながらカーバの聖殿に額《ぬか》づき、礼拝するがそれがすむと、近くにあるサファー山とマルワ山との間を七回往復して勤行《ごんぎょう》しなければならない。大祭《たいさい》は回教暦の十二月八日から十日までに行なわれ、これをクルバンという。信徒は、またアラファット山に登らなければならない。灼熱《しゃくねつ》の砂上を巡礼経を唱えながら行進するのであるが、疲労《ひろう》や日射病で倒れた信徒の死体が白布《はくふ》に巻かれ、板に載せられて運ばれていくが、聖地で巡礼中死ぬことは、もっとも潔《きよ》き死とされ、死にゆく本人にとっても、こんな嬉しいことはないのである。

このアラファット山は人類発群《じんるいはっしょう》の地であると回教徒は信じている。また、アラファット山は、アダムとハヴァ（キリスト教のイヴ）が邂逅《かいこう》した場所であり、また、ノアの洪水のときに原始人が他の動物とともに避難した山だとも伝えられている。

三日間の巡礼が終わると、信徒は道傍《みちばた》の床屋で剃髪《ていはつ》をすることになっている。頭の刈りかたは宗派によって違うけれども、剃髪が終わると、巡礼服を新調の衣服と着替え、新参の巡礼は、ここではじめて『ハッジ』の称号をもつことになるのである。そして、巡礼は再びメッカに帰ってくる。

また、回教徒の世界的結合を目的とする国際神聖大会がこの三日間にわたって開催されるのであるが、この会合は、各国の代表者たちが数十、数百ヶ所に集まり、座談会や演説会をなし、各自の国の社会、政治、経済、思想その他の問題を提案して、批判し攻撃し、悲憤《ひふん》して熱弁をふるうのである。そして、被圧迫民族《ひあっぱくみんぞく》の解放と自由とを叫ぶのである。この会合において決議された議題は、帰国後本国の政策にいろいろの示唆をあたえるので、メッカ巡礼は、単に信徒の行事ではなく、世界的回教徒運動の烽火《ほうか》ともいうべきものである。

回教民族は古《いにし》えより男尊女卑《だんそんじょひ》の風習がいちじるしく、回教の法制から見ても、女子の身分法上の地位は男子に比して非常におとっている。

このいちじるしい差別待遇はおそらく次の事情によるものと思われる。アラビア、トルコ等の民族は、男子に扶養《ふよう》の義務を負わした結果、女子は何らの財産を所有する必要がなかった。一般に男子が扶養の義務を有することは普通の常識であるが、回教民族においては、父の死後も男子は、その姉妹を扶養する習慣が古くからあった。女子に独立するだけの財産があったとしても、一家を維持する責任は男子にあったのである。けれども、回教国民の近代化とともに、この伝統的な風習から脱し、聖典にそむかない範囲で身分法の改正が行なわれてきたのである。

コーランに『自ら養いえるより多くの女を娶《めと》ることなかれ。二人三人をもって足らしめよ。これを平等公平に扱いえざらんときは一妻を娶るべし』とあるため一般に回教は多妻主義《たさいしゅぎ》と信ぜられているが、教典では決して多妻を原則としていないのである。富有者《ふゆうしゃ》は四人を限度としているが、人間として多妻をことごとく公平に扱うことは不可能であるから、一夫一妻を守っているものも多数あり、最近は一夫一妻の風習が行なわれつつある。なおトルコでは多妻を法律で禁じている。これは伝統的な男尊女卑の風習打破《ふうしゅうだは》である。マホメットの真意は、決して男子にばかり優越権をあたえたものではなく、キリスト教圏の法制にも勝る男女平等を認めていた。それが男尊女卑の国として習慣づけられてきたのは、いずれの国にもあるような男子の権利の独占に原因するもので、教祖マホメットの遺訓《いくん》を男子の解釈によって、男子に有利で、女子には不利益な取り扱いかたをしたのである。

また回教徒は結婚の場合に、盛大なる饗宴《きょうえん》を行なうことが聖法として規定されているので、そのため男子より女子への贈りもの、饗宴の費用が巨額にのぼり、貧しい階級はそのために苦しみ、富めるものも不必要な浪費をなす有様である。

また、風俗というよりも、立派な戒律になっている『喜捨』『ラマダーンの断食』などが、回教徒の生活に影響するものである。

『喜捨』は回教五行の一つとして、信徒たる者の固く守るべき義務になっているが、この慈善行為のため、回教徒の間では労働を求める努力が弱められ、乞食さえも人から恵みを受けても感謝の念にとぼしく、当然の権利であるかのごとく心得ている。この結果、活動力の旺盛《おうせい》な回教徒にも非常な悪影響をおよぼしている状態である。

『ラマダーンの断食』においても、この一ヶ月間の活動が停止されるため、交通、商業、官憲その他の事務も静止してしまうわけで、経済上おもしろくない影響をきたしている。

かくのごとく、回教の聖法、教理からくる風習にしばられ、回教諸国の経済的発達を阻害しないとも限らないが、それらは熱心な信仰をもつ教養の低い教徒の間に往々《おうおう》にして見られることで、最近では、全体として回教徒の社会は発展の傾向にあるのである。

## 回教徒の結婚

前述のごとく、回教徒は四人までの妻をもつことを許されているが、これは、経済上の必要または便宜からでもある。回教徒は農耕牧畜を生業としてきたため、人間の『手』が必要であり、自然と多妻を求め、野良《のら》で働かせるということになったのである。また多妻は、経済力の拡張《かくちょう》を意味するものであった。けれども、近代では反対に、多妻は生活的にも大きな負担となり、また女性の覚醒《かくせい》から多妻主義は次第に消滅しつつある。

かつては結婚の年齢は、男十二歳、女八歳くらいであった。これは、回教民族が主として熱帯地方に居住していたため、早熟にもよるが早婚《そうこん》を風習としてきたのである。

近代では、トルコ、イランの新民法において、男子十八歳、女子十五歳を最低年齢と定められている。が、身体の発育上結婚生活に適する男子は、例外をもうけ、最低年齢以下でも官憲《かんけん》の検査をへて早婚の許可を得るようになっている。

回教の多妻主義はしばしば非難の的となっているが、マホメット出現以前のアラビアでは、妻は夫の財産の一部と見なされ、非常に悲惨《ひさん》な生活を送っていた。それをマホメットは目撃し、はじめて女性の地位向上を叫んだのである。女性の人格を認め、妻の数を制限し、婚姻を男女対等の契約と認めさせたのである。そして、婚姻が成立すると同時に、一定の金額を直《じか》に女子にあたえ、また結婚解消のときには、夫の負担する賠償金《ばいしょうきん》をあらかじめ決める。これをミヒルまたは婚資《こんし》（マハル）と称する。

離婚の場合においても、他宗教国と同様規定されているが、回教国の離婚はいろいろな点で特異なところがある。

『真の信仰あるものよ、罪もなき女を用ずみの道具のごとく捨て、わずかなるものをあたえて去らしむるを許さず。汝これを扶養すべし』

と、コーランに夫が妻を遺棄《いき》することを戒《いまし》めて記されてある。けれども、回教法制は夫が一方的の意志だけで、妻を離婚することを認め、婚姻のとき約束した婚資（マハル）をあたえて去らせるのである。また、妻の意志で婚姻を解消する場合は、婚姻契約書に妻が離婚の権利をもっていることを明記されている場合に限られているが、この妻よりの離婚はほとんど実行されたことがない。が、夫婦が融合《ゆうごう》しない場合、お互いに嫌いあう場合には、妻のほうから若干の賠償金を出して夫に自由を求め、了解のうえ離婚することもできる。また、夫が妻を扶養《ふよう》しない場合、あるいは悪質の伝染病にかかった場合など妻は裁判所に訴えて夫から自由を求めることが認められている。

離婚した妻を再び娶《めと》る場合、回教ではおもしろい規定がある。トルコでもイランでも、新民法が出ない前は結婚解消後三ヶ月以内であると、何らの手続きをへずとも再びもとのさやにおさまることができる。三回までは同一の方法で許されるが、三回の離婚後、なお同一の妻を娶る場合には、まず妻を他の男子に一度嫁《とつ》がせたうえ、直に離婚させて第四回目の結婚を許されるのである。この第三者の男子との結婚は一夜だけでもいいことになっている。

回教では、結婚に対して父その他尊族《そんぞく》の意思が絶対に権力をもっている。婚約が成立してもお互いに顔を見ることを許されない。花嫁は未来の夫を覆面《ふくめん》をかぶって見るだけである。いよいよ式がすんで、新夫婦が一堂に対坐してはじめて、花嫁は覆面を取り去るので、往々にして明けてびっくり玉手箱《たまてばこ》という結果にならないとも限らない。

かくのごとく、回教の結婚は伝統を忠実に尊重しているが、現在では伝統もほとんど近代化されてきている。

『妻は夫の衣《ころも》にして、夫は妻の衣なり』

と、コーランの一節にある。

それぞれその国の風習によって行なわれる結婚も、風習の底に流れているものをとれば、一致点を見いだすものである。コーランの一節にあるごとく、回教においても、夫婦一体の精神にかわりはないのである。

## ハレムの中の回教女性

教祖マホメットの聖訓《せいくん》に、女はもっぱら内部の存在であり、家庭の中のものであるということがある。男女平等が叫ばれても、女は家庭のものでなければならないのは、女の道であり、家を守ることが役目である。が、回教の聖訓にしたがえば、家庭の中でも近親以外の人に接せず、他人の男子には一切顔を見せないのである。

今日では、トルコやイランなどでは、女性の解放、近代化とともに、女が覆面《ふくめん》をかぶることは禁止されているが、数年前までは『チャルシャフ』とか『チャードル』と呼ばれる被衣《かつぎ》で身をおおい、顔には黒い覆面をかぶっていた。アラビアやアフガニスタンなどでは現在でも昔の風俗が残っている。

女が内部の存在であるため、家の構造も女に適した特別な仕組みになっている。住宅は二つにわかれ、男子部をセラムルックまたはアンデルンと名づけ、婦人部をハレムリックまたはビルーンと呼んでいる。『ハレム』というのは男子禁制の意味で、夫以外の男は絶対に『ハレム』に入ることを許されない。

今から十年ないし十五年前にはじめて、回教婦人の近代化が叫《さけ》ばれた。回教の女性たちは『ハレム』から街頭《がいとう》にあらわれるようになった。家庭の内部にいても、外国人と交際するほどの婦人（主婦）は男子部の室《へや》にあらわれ、また外国人の家庭へも招かれていった。けれども、街頭に出るときは馬車の中でも覆面をつけて絶対に顔を見せないが、家に入るとすぐ覆面を脱《ぬ》ぎ棄てた。ここまで女性が目覚め、街頭に進出してくるには幾十年月の歳月を要したのである。

また、トルコの生活にめずらしいものは風呂である。いわゆるトルコ風呂として、外国に知れわたっているが、世間でいういかがわしいものではなく、トルコの国内では普通の浴場である。ハレムの風呂に女が入るときには、いろいろな儀礼がある。イランでは婦人は浴室の最初の戸を開けるときに、靴のかかとで胡桃《くるみ》を二つ三つ踏みつけて割《わ》らねばならない。それが『つとめ』になっているが、この割った胡桃を燃やした煙を、歯痛《しつう》のときに口にあてると、立ちどころに痛みがとまるといわれている。また、浴場にはいろいろの香料を混ぜた湯槽《ゆぶね》がある。その中に身を浸《ひた》し、滋養物《じようぶつ》をとるのである。それは母乳がよく出るようにするのであるが、湯からあがっても、卵の黄味とか、インド産の胡桃の種を混ぜたものを食べることになっている。

また、婚礼の祝宴《しゅくえん》にともしたロウソクは、必ず一つだけ浴室につけておく規定になっている。これは、生まれた児が将来《しょうらい》輝かしいものになるためだといわれている。回教徒の浴室は、すべて婦人部(ハレム)にあるので、夫以外の男子は絶対に足を踏み入れることはできない。旅行して土地の知人の家に泊まったとしても、滞在中は絶対に入浴することはできないのである。

٣

# 回教諸国の盛衰

الفصل

# 第3章

# Rise and Fall of the Islamic countries

# 第三章

## 回教諸国の盛衰

マホメットが神の使徒として起《た》ちあがってから二十五年、メッカ聖戦に大勝し、十万の信徒をしたがえるとともに、彼の勢力は全アラビアにおよび、西北はパレスチナを境とし、東南はペルシャ湾にいたる沃土《よくど》、ことごとくアラーの神の名を讃《たた》える回教の国となった。

マホメットが昇天した後、回教に帰依《きえ》したばかりの教徒たちは、時機到来《じきとうらい》とばかり四方に蜂起したのであった。統帥者《とうすいしゃ》を失った回教は危機にひんしたのだった。この危機を救うために立ちあがったのは、アブ・バクルとオマルの二人であった。

回教徒の中に回教の首長たるものは回教の真の教義を伝えるものでなければならぬとするものと、この首長はマホメットの血統のものでなければならないというものと二つの派があって、これがいわゆる異教派と正統派というものにわかれた原因である。アブ・バクルとオマルの二人は全アラビアを支配すべきものはクライシュ（コレーシュ）族たる者に限るという正統論をひっさげて、教徒の反省をうながし、東奔西走《とうほんせいそう》したのであった。まもなく両者は妥協して、アブ・バクルがマホメットの最初の後継者として第一代の教主（カリフ）に選挙された。けれども、マホメットの亡《な》き後、動乱は容易にやまず、異教派はコーランを捏造《ねつぞう》して民心を煽動《せんどう》した。かつてはマホメットの本拠であったメディナさえ、異教徒の栄える場所となったのである。老教主アブ・バクルはついに聖旗《せいき》をひるがえして起《た》った。そして、シリア遠征を決行したのであった。精鋭の向かうところ背教の徒は四散《しさん》し、回教軍は凱歌《がいか》をあげた。それから一年あまり、アラビア全土はバクルの手におさめられ、回教帝国の基礎は日々に堅固となった。けれども、アブ・バクルは勝利のよろこびも覚めないうちに、教主たること二年にして病没《びょうぼつ》し、オマルが第二代の教主となったのだった。

オマルは勇敢、聡明《そうめい》、高潔をもって鳴る猛将であった。オマルの征《ゆ》くところ、まさに無人の境《きょう》の慨《がい》があった。北方ヒラ国を討ち、カルデラ国を征服し、さらに西紀六三六年にはカーディシーヤと戦を交え大勝した。聖旗《せいき》は沙漠をわたり、山河をぬい、シリアを征《せい》してヘラクレイオスを一敗地《いっぱいち》にまみれさせ、またダマスカスを陥《おとしい》れた。しかしこの勇将オマルもイラン人の一奴隷のために暗殺されたのであった。そして、第三世教主にオスマンが選ばれた。この三代教主は自分の眷属《けんぞく》ウマイヤ家のものを優遇したため、反対派のねたむところとなり、内部に叛乱《はんらん》さえ勃発した。オスマンはメディナでベドウィン族のために襲撃されて殺された。

この有為転変《ういてんぺん》の中にあっても、回教国の勢力は隆々《りゅうりゅう》と発展して、東はオクサス河より西はトリポリまで伸び、海の回教軍はキプロスまで攻略したのであった。

第四世教主には、マホメットの従弟で、女婿《じょせい》であるアリーが選ばれた。そのころ、ようやく回教内に勢力争いが起こり、次第に団結力もにぶる結果となった。アリーは謙譲《けんじょう》な人物であったため、内紛《ないふん》を押さえるだけの力量にもかけていた。彼に反抗する者さえあらわれるようになり、アリーは時局収拾《じきょくしゅうしゅう》のためクーファに遷都《せんと》したが、威信はまったく地に堕ち、ついに退勢《たいせい》を挽回することもできず暗殺されてしまった。彼の死後長男のハッサンが後を継ぎ、第五世教主となったが、ハッサンは父の謙譲につぐ温厚な性格の持ち主であった。ひそかにカリフの地位を狙っていたウマイヤ家は教主の温厚を逆用《ぎゃくよう》してますます勢力を張り、ウマイヤ家の一人シリア総督のムアイヤのためにハッサンは教主の地位を奪われてしまった。かくして、教主の職はウマイヤ家に移ったのであった。ムアイヤは奸智《かんち》にたけ、教主の選挙制をあらためてウマイヤ家の世襲《せしゅう》となし、政府はダマスカスに遷し国家元首はシリアの傭兵《ようへい》の保護のもとにおいたのである。

ムアイヤが没すると、息子のエジトが第七世教主となった。教主の職がウマイヤ家に移ってから、回教の政治的実権は正統派に握られているので、一方異教派は第五世教主ハッサンの弟ホセインをアリーから数えて第二世の教主に戴き、エジプトにおいてウマイヤ家に対抗したのであった。それを聞き知ったメソポタミアの回教徒が反乱を起こし、ホセインに来援《らいえん》を申し込んだ。ホセインは機《き》到れりとばかり進軍したが、途中ウマイヤ軍に計《はか》られて一族郎党《ろうとう》とともに全滅してしまった。かくして、マホメットの最後の血は絶えたのである。アリーを始祖とするシーア派にとって忘《わす》るべからざる記念日として今日なお祭典が行なはれている。

アリーが教主であったころの内紛、内乱は、その後の回教国の発展に大きな障碍《しょうがい》となった。ウマイヤ王朝になっても一勝一敗の戦いで、容易に勢力を発揮することができなかったが、六世教主ウエリドの時代になり、アフリカ北岸から大西洋岸に進出し、ジブラルタルを陥《おとしい》れ、スペインを征服した。その後、回教軍は勢いを得、中国トルキスタンの国境にも迫った。またピレネー山脈を越えて進軍したがもろくも敗られスペインに退いた。

第八世紀の中葉から中央アジアには大動乱が勃発した。これは、わずかに残ったマホメットの血族とウマイヤ家の勢力争いであった。ウマイヤ家にかわって、マホメットの血族アッバース家がバグダッドにおいて東方教主の帝国を建設した。これに対して敗れたウマイヤ家の生存者はスペインに逃れ、コルドバ帝国を樹《た》てた。これを西方の教主帝国という。

けれど、バグダッドのアッバース王朝はチンギス・ハンの孫フラグの侵入にあって没落の悲運にあった。生き残った一族はエジプトのカイロに逃れ、一五一七年オスマン・トルコの皇帝スルタン・セリム一世に教主の職を継《つ》がせ、正統派すなわちスンニ派より正式に教主たるを承認され、一九二四年、新興トルコのケマル・アタチュルクによってカリフ制が廃止されるまで、この教主帝国は継続されたのである。

西方の教主帝国スペインのコルドバ王朝は、十一世紀まで栄えたが、十字軍のために潰滅《かいめつ》されてしまった。そのとき、キリスト教軍のために虐殺された回教徒は七千名にのぼったといわれている。

الفصل ٤

# 回教圏とは何か

# 第4章

## What is the Islamic world ?

## 第四章

# 回教圏とは何か

回教圏とは、世界における回教徒の分布区域である。

現在、全世界の回教徒はおおむね三億五千万ないし四億といわれているが、そのうち独立国を形成しているものは、人口の二〇%約七千百三十万である。

世界大戦前、トルコは回教圏の中で唯一の独立国であったといってさしつかえない。当時トルコ皇帝は回教の教皇を兼ねていたので、ドイツはトルコを味方にひきこめば、全回教徒が聖戦として教皇のもとに馳《は》せ参ずると見込みをたて、トルコを参戦せしめたが英仏側は聖戦でなくドイツの野心から出た戦であると宣伝し、一方、アラビア王のフセインに将来の独立を約束して、トルコに反対させたのであった。大戦後、トルコは一共和国と改変した。その他にサウジアラビア、イエメン、エジプト、イラク、イラン、アフガニスタン、トランスヨルダン等の回教独立国ができた。また民族意識に目醒《めざ》め絶えず蠢動《しゅんどう》しているものに、中央アジアのウズベク、カザフ、タタール、アゼルバイジャン、キルギス等のソ領共和国、中国辺疆《へんきょう》地方、インド、インドネシア等がある。こうした欧州勢力に圧《あっ》せられている回教徒は、総数の七五％以上ある。また半独立国として西洋諸国の保護下にあるものが、五％ある。これを国別にわけると、

イギリスに属するもの　九千五百六十万人
フランスに属するもの　二千六百二十万人
イタリアに属するもの　五百五十万人
オランダに属するもの　六千万人
スペインに属するもの　七十万人
ソ連に属するもの　二千六百万人
中国辺疆地方に属するもの　二千万人
世界各地に少数民族として散在するもの　千六百万人

回教徒の分布は、トルコ、アラビア、イラン、アフガニスタンを中心として、西はモロッコまでの赤道以北のアフリカ一帯は、人口の稠密《ちゅうみつ》さにおいては中心地と大差はない。さらに、北インド、中央アジアから北中国に連なり、北はバルカン、ロシアから、南はマレー、インドネシア、フィリピンにおよび、相当広範囲な地域にわたって回教民族が居住しているのである。

الفصل

# 第5章 忍従を強いられた回教民族

Oppressed Muslim

## 第五章

# 忍従を強いられた回教民族

回教は単なる宗教ではなく政治および社会の実生活と不可分の関係にある。回教徒は聖戦によって領土をひろめていったが、征服された地方の民族は直《じか》に回教徒になる。政教一致の宗教であるから、回教の支配を受ければ回教の信徒にならねば容《い》れられないことになる。これは回教が一つには民族を超越した宗教であり、またその聖意で布教されてきたためであろう。

回教は今日まで一千三百余年を経過して、なお、新しい宗教の生命をもっている。考えかたによっては原始的な宗教といえないこともないが、日に日に新しい生命が躍動しているといえるのである。これは、回教が民族を超越した宗教であるがためである。また、厳格な戒律によって宗教心を固め、そして持続させている。幾度か戦い、幾度か敗れてきたけれども、回教の生命は生きていた。敗れたときは雌伏《しふく》した。回教徒は雌伏時代が長かったともいえよう。その三百年ゆうよの雌伏の中にあっても、宗教の生命は依然として息づいていたのである。

いま、回教徒たちは強いられた忍従《にんじゅう》、雌伏から起《た》ちあがろうとしているのだ。宗教によって目覚めた民族意識が、勃然《ぼつぜん》と湧きあがってきたのである。

# 第6章

# الفصل ٦

# いわゆる回教圏以外の各国における回教徒

# Muslims outside the Islamic world

# 第六章

# いわゆる回教国以外の各国における回教徒

## 日本の回教徒

回教とはいかなる宗教であるかは、日本人のほとんどすべては知らないであらう。それは今日まで回教または回教徒との交渉がきわめてとぼしかったがためである。

古代の文献には、日本人が西域《せいいき》の文化を中国を通してうけ入れていたことが記録されている。雅楽《ががく》に大食調《たいしきちょう》などがあるのはその影響である。大食《タージー》とはアラビアの中国名である。また、南北朝から足利《あしかが》時代にかけて、南洋方面に来たアラビア人と、我が国人と交渉があったことは確実であるが、回教に関する接触はほとんどなかったようである。そのころ、楠葉入道西忍《くすばにゅうどうさいにん》という日本婦人とアラビア人との間の混血児がいた。西忍《さいにん》は航海術に長じ、八十六歳の高齢で中国に渡って貿易した。彼の父アラビア人は回教徒であったといわれているが、西忍は仏門に帰依《きえ》して入道《にゅうどう》となった。

日本にはどういう回教民族が居住しているかといえば、その大部分はトルコ・タタール系の民族である。これらの回教徒は、ソビエト革命後、白系ロシア人として満州、中国および我が国に亡命してきたので、およそ六百名くらいにのぼるであらう。多くのものはラシャの行商などをやっていて、日本の各地を渡り歩いている。このほか、インド、アラビア、シリア等の回教徒もいくらか在留《ざいりゅう》している。

日本に回教が発達しなかったため、日本人回教徒の礼拝堂《らいはいどう》などはなかった。ただ在留トルコ・タタール人の手によって建てられた東京回教学校内の礼拝堂と神戸在留回教徒の醵金《きょきん》によって昭和十年神戸に建てられた回教寺院の二つがあるばかりであった。最近、我が国でも回教に対する認識が改められ、回教が東洋の宗教として重要なる役割をもっていることが明らかになり、とみに回教対策が講《こう》ぜられてきた。昭和十三年五月十二日、東京の一角に瀟洒《しょうしゃ》な回教寺院が日本人の喜捨《きしゃ》によって建立された。そして、平沼内閣のとき、回教を他の宗教と同様の規定をもって遇《ぐう》せらるべしと言明されたのである。新緑《しんりょく》けむる小田急沿線、代々木大山町にあるこの新回教寺院はトルコ式の建築様式で、四角な本堂のうえに円蓋《えんがい》のドームが異国の匂いを漂わせている。東方に向かった入口のうえには尖塔が、青空に高々とそびえている。教祖マホメットの降誕祭《こうたんさい》にあたる五月十二日盛大な開堂式が挙行《きょこう》されたのである。そのとき、はるばるイエメン国から第二王子サイフ・ウル・イスラム・エル・ホサイン殿下、サウジアラビア国王御名代《みなしろ》駐英公使ハーフィズ・ワハバ・パシアをはじめ、沙漠の風俗をした回教徒の代表が、この盛儀《せいぎ》に参列し、大東京に映画で見るような一風景を現出したのであった。この賓客《ひんかく》たちは単に開堂式参列ばかりが目的ではなかった。大東亜建設に邁進《まいしん》する日本に、回教を公認してもらい、日本と通商をはじめたいというのが、その真の目的であったのだ。

世界の人種を清潔人種と不清潔人種との二つにわけてみると、日本人、アラビア人等は清潔人種で、ヨーロッパ人のごときは不清潔人種に属する。日本人は昔から牛や豚、その他獣類《じゅうるい》の肉はほとんど食べなかった。明治以後、欧州の風潮が流れ込んできてから、いろいろの獣肉を食べるようになった。今でも田舎へ行くと獣肉類を食べない人がまだ相当いる。その点、回教徒と似かよったところが日本人にあるわけで、将来日本が、新しくアジアの諸民族と提携するには、回教民族がもっとも可能性があるのではないか。それには、回教徒と日本人が精神的に民族を超越して提携しなければならない。日本でも毎年の行事として、メッカ巡礼に日本人回教徒が派遣されるようにでもなれば、回教国の国民性を知ることができ、日本と回教徒とが急速に接近する一つの策でもある。

日本人ではじめてメッカに巡礼した人は、山岡光太郎氏で、明治四十二年である。この後鈴木剛、郡正三、細川将、榎本桃太郎、山本太郎、故若林九満、故植原愛算氏等がメッカへ巡礼した。

## 満州国の回教徒

満州国にある回教徒の数は五十万といわれ、あるいは二百万から二百五十万と推算されている。満州国へ回教が伝わったのは、西紀一七四〇年ころからといわれ、漢人の商人、農民たちの間に伍《ご》して入満したもので、現在、満州にある回教寺院（清真寺）の数は二千以上といわれている。満州の回教徒の大半は東千族の子孫すなわち漢回《かんかい》で、宗派はスンニ派が多く、シーア派は絶無《ぜつむ》といってよい。一方、これらの漢回に対し、トルコ・タタールの回教徒が帝政ロシアの東漸《とうぜん》、旧東支鉄道が開通したころ（一八九七年前後）に、満州国に移住し、ハイラルを中心とし、ハルビン、満州里、奉天あたりに存在し、その数は一千三四百である。

満州の回教の発展に貢献した人に、忠壮公左宝貴《ちゅうそうこうさほうき》がある。清朝末期の勇将にして、日清の役にも猛将として勇名を馳《は》せた。将軍は山東の出身で、満州に移り住んでからは、公共事業、慈善事業に相当の力をつくし、回教の信仰に篤かった。現在奉天にある同善堂という回教寺院は、彼が私財を投じて設立したものである。現満州国皇帝の従弟《じゅうてい》である溥侊《ふこう》氏も回教の信者で、昨年五月の東京回教礼拝堂の開堂式には、満州国回教徒の代表として臨席された。

## 中国の回教徒

中国における回教徒の数は、三千万といわれ、五千万といわれ、また千五百万ともいい、人によって種々異なっている。これは、実地踏査《とうさ》ができないために、正確な数字を表せないのである。

中国の人口を四億、回教徒の数を三千万と見れば回教徒は中国の人口のおよそ十二分の一にあたるのである。回教が中国へ伝来した歴史は、唐代のころ、海陸両路から入り、海はアラビアの商人（明代には天方国人と呼んだ）が、広東、福州方面から伝え、陸は大食人《タージー》（アラビア人）が回紇人（ウイグル人）を通じて、甘粛《かんしゅく》、陝西《せんせい》方面に伝えたといわれている。また雲南地方の回教徒は安南方面に上陸したアラビア遠征隊が次第に侵入し、そこに定住したものといわれている。蒙古と回教徒は古代から縁があり、チンギスハンによって幾度か征服されている。その旗下《きか》にくだった回教徒は七十万といわれ太宗《たいそう》がチンギスハンの意志を継いで中国を平定したときには、五百万余の回教徒が甘粛、陝西にとどまっていたということである。その後、回教徒から重要官職に就くものも出て回教は大に勢力を張ったが、清朝にいたって、はじめて回教に対して弾圧が加えられた。

中華民国になってから、清朝の弾圧政策を改めて、これを逆用したが、後には回教徒を圧迫し、弾圧、懐柔《かいじゅう》の臨機応変の手段をとり、極力回教徒の蜂起を防止してきたのである。

中国にある回教徒の職業は、主として牛羊皮革《ぎゅうようひかく》類を業としているものが多い。また中国本土には回教徒の宿屋、料理屋が多い。これは回教徒が食事その他に厳重な戒律を守るため、異教徒の宿屋、飲食店に出入しないからである。

## ソビエトの回教徒

ソ連邦内の回教徒は、人口約二千六百万近くある。これらの回教徒は、中国の新疆省に境するあたりから、西方へ、中央アジア、トルキスタンを中心に、ウラル山の麓、コーカサス、クリミアまで延びる一帯に居住し、大体トルコ系の民族である。

回教が、このソ連中央アジアの地へ入ってきたのは、七世紀以後のことで、既成宗教を征服し、十四世紀にはまったく他の宗教を追放してしまった。スラブ族は機会あるごとに回教徒に対して弾圧を試みたが、容易に屈服しなかった。けれども、十八世紀末に叛乱《はんらん》が起こり、政府の回教政策は一変し、回教の僧侶階級を懐柔《かいじゅう》して、回教徒を従順《じゅうじゅん》ならしめようとしたが、ちょうど、欧州大戦が勃発《ぼっぱつ》し、再び国内に大動乱が生じ、各地において政府官吏、地主が脅迫《きょうはく》され、暴徒は軍隊と衝突して、一種の回教民族運動に発展しようとしたが、ついに鎮圧され、残った者はイラン、トルコ、新疆地方に逃げのびてしまった。

かくして、時勢の推移とともに、反宗教的政策をカムフラージュして、回教徒の懐柔につとめてきたのであるが、彼らはもはや圧制のもとに怡々《いい》として屈従《くつじゅう》しているものではないであらう。

## インドネシアの回教徒

インドネシアの全人口はおよそ六千万といわれているが、その中《うち》で回教徒は九割を占めている。

インドネシアに回教が伝わったのは、インドの回教徒が勢力を得た十二世紀から十三世紀のはじめである。インドと東インド諸島とは昔から、政治的、経済的に交通が頻繁《ひんぱん》であった。十一世紀にはは《ママ》や回教徒の商人がマレー半島やインドネシアに来て、盛んに商取引し十二世紀の末葉《まつよう》には、スマトラの北部に植民していた回教徒さえあったといわれている。

インドネシアに回教が伝わってから、王侯中にも回教に帰依《きえ》するものが多く出てきたため、従来のヒンドゥー教は次第におとろえていった。けれども、ヒンドゥー教文化と回教は深く融合しヒンドゥー教的色彩をもって伝播していった。

一五一八年、デメクという勇将《ゆうしょう》が回教に帰依してスルタンの称号を得、マジャパヒト帝国を滅ぼして統一したが、まもなく内乱が起こり、回教諸国は分立割拠《かっきょ》した。十六世紀になって白人が東洋に渡来してくるようになり、インドネシアはほとんど全部回教徒の領土となったのである。そのころの回教宗派はシーア派であったが、十七世紀以後、アラビア人が移住するようになって正統派のスンニ派が、シーア派に対抗して伝えられた。また、白人の移住とともに、キリスト教が伝えられ、今日まで三百年の間、回教二派とキリスト教が政治的争いを繰り返してきたが、回教徒は政治的にまったく力を失ってしまった。

## フィリピンの回教徒

フィリピンの回教徒は、わずかに五十二万に過ぎず、はなはだ弱小であるが、政治的には重要性をもっている。

フィリピンの回教徒は『モロ族』で、スペイン人がつけた名称である。モロ族はフィリピン人と人種的には相違しないが、宗教の相異がある。つまりフィリピンの人口約一千二百三十万の中、キリスト教徒が一千万以上であるため、宗教的に両者に相容《あいい》れられないものが存在しているのである。

回教がフィリピンに伝わったのは、十三世紀の末葉で、十五世紀には全島の沿岸や主要都市の大半は回教徒に属したのであった。スペインはフィリピンを統治するために、キリスト教をもってしたが、モロ族は屈従《くつじゅう》しなかった。

一八九八年の米西戦争の結果、米国がフィリピンを領土としたが、同化しがたいモロ族は、スールー群島を本拠としてその伝統を固執《こしつ》し、いかに懐柔《かいじゅう》策が講ぜられようと、モロ族を同化させることは多難なものと見られている。

## インドの回教徒

インドは世界でもっとも多く回教徒の居住している地方である。総人口約三億五千三百万のうち、ヒンドゥー教徒約二億四千万、仏教徒約一千三百万、キリスト教徒約六百万、回教徒約七千八百万で、回教徒はインド全人口の二十二％以上を占め、世界全回教徒の五分の一に相当するのである。

回教徒がインドへ侵入した時期を二期にわけることができる。第一期は十世紀から十五世紀にわたるサラセンの侵入で、第二期は十四世紀末のティムールのインド侵略に端を発したムガル帝国の建設である。ムガルとは蒙古《もうこ》の意である。

インドの回教徒は大部分スンニ派に属するものであるが、ほとんど土着のヒンドゥー教の影響をうけ、その六割は風俗習慣など特殊な点を除くのほかヒンドゥー教徒と同じである。けれども、両者は今日まで対立を続けている。それは宗教思想上の相違、祭儀上《さいぎじょう》の相違のほか、経済的な原因では大多数貧民《ひんみん》である回教徒と富めるヒンドゥー教徒との間に経済闘争が絶えないためである。この対立はあっても両教徒はインド独立の旗のもとに手を握って起《た》ちあがろうという意志をもっているのであるが、それが実現するまでには、まだ国民的認識が不足しているというべきであらう。

しかしながら、全世界に分布している回教徒たちは、すでに迷夢《めいむ》から醒《さ》め、民族運動への第一歩を踏み出しつつあることは、見逃すことのできない大きな事実である。

٧

# 回教国の産業と貿易

الفصل

# 第7章

## Industry and trade in the Islamic countries

# 第七章

## 回教国の産業と貿易

### 恵まれた回教国の産業資源

回教諸国の資源といえば、まず天然資源《てんねんしげん》である。アフガニスタン、イラン、イラク、トルコ、サウジアラビア、それからイエメン、エジプトなどの独立国は無尽蔵《むじんぞう》の天然資源を有しているといわれる。回教国といえば茫漠《ぼうばく》たる沙漠を連想するが、沙漠ばかりの連続と考えては間違いである。

一番豊富なものは鉱物資源で、次に農産物である。農産物でもっとも豊富なものは棉花《めんか》で、トルコ、イランに多く産し、エジプトは世界的な棉花の産地として知られている。これは綿製品の原料として重要な貿易資源となっている。回教国は一般的に太陽の熱に恵まれているため、農産《のうさん》に適している。

古代から回教民族の重要な生産資本は豊穣《ほうじょう》な土地であった。イエメンのごときは、山頂から麓にいたるまでことごとく開墾《かいこん》されて、棉花、麻、薬草、コーヒー、果実などの多くを産し、また天然資源としては岩塩《がんえん》がもっとも多く産し、政府の直営事業として海外に輸出されている。コーヒーでは有名なモカが産出される。

鉱物資源《こうぶつしげん》としては、金、銀、銅が多量に埋蔵されており、石油のごときもイラン、イラク、トルコに膨大なる油田がある。この地方は世界有数の石油地帯になっているが石油をはじめ、金、銀、銅の採掘権は、ほとんどイギリス、フランス、アメリカの手におさめられている状態である。しかしこの採掘権の許与《きょよ》に対しては、毎年多額の鉱区税を賦課《ふか》する。イランのごときは石油鉱区の特許料《とっきょりょう》として三百万ドルくらいをとっている。

こうした天然資源が国家の重要財源となり、国によってはそれらの財源を国家の種々な社会施設、農業施設、軍事施設などに充当《じゅうとう》しているのである。そこで、各回教国では天然資源の開発を急ぎ、海外に技術員を派遣して養成しつつある状態で、実際に経済的開発ができたならば、世界のどこの国にも負けない資源国になるであらう。

この豊富な資源を有しながら、どうして回教諸国の産業が発展しなかったか。回教の教義、戒律、または必然的に生じてくる風俗、習慣、規律によって制限されていたがためである。また、発展の重大なる要素である資力《しりょく》に乏《とぼ》しいことに原因するものであらう。

回教徒の習慣として、今日でも敬虔《けいけん》な教徒間では、金利《きんり》を好まず、銀行利子すら受けとることを潔《いさぎ》よしとしない風習がある。これは回教の法制の中に、金融の禁止、すなわち利子の禁止が規定されているために習慣化されてきたのである。そこで、回教国では銀行業、あるいはこれと同種の保険業などのごときものの発達は困難である。

回教国は宗教の国であって、産業の国ではない。なかんずく、商業、経済の方面はもっとも不振であるが、その原因は前述のごとく資本がなく、また、加工工業の不振のため商品をもたないためである。彼らの職業とするところのものは、旅館であり、料理店であり、運送業、屠殺業《とさつぎょう》、伯楽《ばくろう》、皮革業などで、小商人が多い。古代から隊商を組んで商取引に出かけてゆく歴史を見てもうなづける。彼らは祖先伝来の商才があり、そのひらめきがあるにしても、伸ばすべき鵬翼《ほうよく》、驥足《きそく》は、自らの力では到底望むことはできない。うちに固い信仰の力があり、根強いところがあるにしても、これだけでは今日の時勢《じせい》では許されないものがある。けれども、適当なる支持者を得るならば、彼ら民族には充分更生《こうせい》することのできる可能性を蔵《ぞう》している。恵まれたる資源を利用することができれば、必然的に産業方面も発展してゆくことは疑いないことである。

## 回教国と我が国との貿易

産業資源の豊穣《ほうじょう》な回教諸国と我が国との貿易状態を述べることにしよう。

我が国と回教圏との貿易は、現在輸出入あわせておよそ十六億円であるが、その中にインド、エジプトを入れると、総額において二千万円ほどの輸入超過になっている。南洋の回教国だけでいえば、昭和十二年の輸出二億七千万円、輸入二億二千万円にのぼっている。イラク、アフガニスタン、トルコ等との貿易はあまり発達していないが、エジプト、インドからは毎年相当の棉花を輸入している有様《ありさま》で、回教圏と日本との間には非常に大きな額が動いているわけである。ところが、日本と直接貿易をやっている回教国は非常に少ない。つまり華橋、インド人の商人、アラビア人の商人の仲介で行なわれている。ことに無条約のアラビア方面との貿易はインド人を通じて行なわれている状態である。

日本の対外貿易で輸出超過国《ゆしゅつちょうかこく》と輸入超過国《ゆにゅうちょうかこく》とを区別してみると、（満州中国をのぞく）ヨーロッパ、アメリカ等は日本の輸入超過国で、インドは輸出入相殺《そうさい》の国で、日本の輸出超過国は南洋、アフガニスタン、イラン、アラビア、エジプト等である。これら輸出超過国に対する日本の輸出の重点は軽工業品で、その重なるものは綿糸布、雑貨、陶器、茶、生糸、薬剤等でこれをもち込めば、その代償として土産《どさん》の羊毛、皮革、棉花、工業塩がいかほどでも回教国から積み出されるということである。

次に、昭和十二年度における回教国との輸出入統計を見ると左の通りである。

| | **輸出（千円）** | **輸入（千円）** |
|---|---|---|
| 英領インド | 二九九、三六七 | 四四九、四八六 |
| 中国 | 一七九、二五一 | 一四三、六三六 |
| インドネシア | 二〇〇、〇五一 | 一五三、四五〇 |
| エジプト | 三二、七七二 | 七四、一一八 |
| 海峡植民地（マレー） | 六七、四三七 | 六七、七九六 |
| 露領アジア | 二三、八五一 | 三、九〇三 |
| イラク | 二三、六四四 | 九、〇二八 |
| 仏領モロッコ | 一八、二八三 | 一、五一八 |

| | | |
|---|---|---|
| アデン | 一四、一七七 | 一、三五七 |
| スーダン | 一五、八一一 | 五、八五八 |
| シリア | 一九、二五〇 | 一、三八七 |
| イラン | 二、六三〇 | 一、五八九 |
| バレスタイン | 五、七四五 | 五七八 |
| アラビア | 四、八二七 | 五四六 |
| トルコ | 二、七五三 | 二、八一八 |
| 仏領ソマリランド | 五七二 | 一、〇五五 |
| 英領マレイ | 三、八六六 | 四七、七九五 |
| 西領モロッコ | 一四五 | 四 |
| アルジェリア | 一、三七二 | 一、二五六 |
| リビア | 一、七五一 | ― |
| 英領ボルネオ | 一、〇四一 | 一八、七七六 |
| チュニジア | 四五〇 | 一、五六二 |
| 伊領ソマリランド | ― | 二、六〇八 |
| エリトリア | 六 | 一、八七九 |

回教徒の文化程度から見た場合、日本製品は彼らにもっとも適当であり、また安価であるため、諸外国製品よりも一番需要が多いわけである。ところが、回教発祥の地アラビア地方はもとよりその他の方面においてもあまり発展しないのはどういうわけであるかといえば、彼我《ひが》交通の便否《べんひ》、相互認識の欠如《けつじょ》、修交条約および通商協定の有無《うむ》等種々の原因によるものであるから、これらの原因の除《のぞ》かれるようになれば、対回教国との貿易も次第に発展をとげることとなるであらう。

また、間接的に回教との貿易を阻害している事実がある。それは日本商人の一部が商業道徳心にかけているということや、彼ら回教徒の生活程度が日々に向上しているということに対して無関心であるということである。在外的な原因としては中国華僑の仲介的進出、イギリス、オランダ、フランス等の経済政策から来る防遏《ぼうあつ》があげられる。

## 我が南洋貿易の重要性

我が国の対外貿易中、対南洋貿易は非常に重要なる地位を占めている。最近の統計によると、我が対外輸出総額中、対南洋輸出はその一割二分を占め、輸入総額においてもまた一割を占めている。南洋は全世界中もっとも豊富な資源を蔵《ぞう》している。最近の工業原料の大部分は南洋より供給されているので、今後の我が対外貿易市場として南洋はもっとも大なる役割をなすべく、ことに我が国は欧米諸国に比《ひ》し地の利を占め、また民族的にも伝統的にも優越点を有している。南洋の総人口一億一千六百万のなか、約九割五分は土着民族《どちゃくみんぞく》であり、その約六割は回教徒であるため、我が対南洋貿易はすなわち対回教徒貿易というも過言ではない。

ここにいう南洋とは外南洋のことで、仏領インドシナ、英領マレイ、蘭領インドネシアおよびフィリピンを総称したものである。西はインド洋、東は太平洋、北はシナ海の間に位《くらい》する島嶼は総面積三百七十万三千平方キロメートルで、我が内地の約十倍にあたり、世界中でもっとも豊穣《ほうじょう》なる資源国である。

我が対南洋輸出貿易の顧客は、ほとんど土着民族であるが、また南洋在住の華僑六百万もまた我が商品の華客《かかく》である。けれども、土着民《どちゃくみん》の一億八百六十七万の人口に対しては華橋の数はものの数でもないが、消費力はその数に比してはるかに大なるものがある。これは彼らが主として我が輸出貿易に対し、土着民との間の仲介者の立場にあるからである。ところで、かりに土着民一人が一年間に我が商品を一円ずつ消費するとしても、一億八百六十七万人の消費高は、一年に一億八百六十七万円の巨額に達するであろう。ここに我が南洋輸出貿易の重要性がある。彼らは永遠にその邦土《ほうど》から離れない大衆であることを忘れてはならない。

ところで、南洋回教徒の日本に対する感情を記してみよう。回教徒に限らず、南洋土着民の一般が、日本を知り、日本を尊敬し、日本を憧憬《どうけい》するようになったのは、日露戦争における日本の大勝利が機縁《きえん》となったのである。白人の横暴《おうぼう》と圧制のもとに数百年の間呻吟《しんぎん》してきた彼らは、同じアジア人の一小国日本が欧州列強の一つたるロシアに大勝した事実を眼前《がんぜん》に見て、心ひそかに百万の味方を得たごとく雀躍《じゃくやく》したのである。そして、大なる期待の眼を日本にそそいできたのであった。けれども、彼らの心中にはなお一抹《いちまつ》の不安があった。それは『日本は果たして自分らに対し、満州国に対すると同様の助力をおしまないだらうか』ということである。南洋諸民族の指導者階級、知識階級たちのいつわらざる告白であるのだ。

そこで、我が国は南洋との経済的親善《しんぜん》、提携《ていけい》に対して、能動的に積極的にあたたかい手をさしのべることが、ひいては我が南洋貿易発展に貢献するゆえんであろう。

前述のごとく、対南洋貿易の仲介はほとんど華橋によってなされていたが、最近では邦人が仲介業に乗り出し、実績をあげつつあるが、資本が貧弱であるのと、金融機関をもたないために、中国人、インド人、アラビア人や欧州商人の手さき仲買《なかがい》程度以上には伸びることができず、土着民《どちゃくみん》に対して利益をはかってやるまでには発達していない。しかのみならず、対外的な障害にさえぎられるのである。これは英国の搾取《さくしゅ》的資本主義が網の目のごとく張りめぐらされているためで、そのために土着民（または広くアジア諸邦の国民）たちは豊穣《ほうじょう》な資源をもっていながら窮迫《きゅうはく》にあえいでいるのである。アジアの特産物を安価に買収し、それを欧州に運んで製品となし、その製品を原価の数十倍で再びアジア人に売りつけるという奸策《かんさく》を弄《ろう》していたのである。また最近では産業開発という名目のもとに辛辣《しんらつ》な搾取をはじめている。ここで考えねばならないことは、南洋が原料生産国であるということである。近代的組織の企業はほとんど白人の企業であるが、いずれの企業もその土地の土着民と直接間接に関連をもっており、土民の経済を富ませることは彼らの購買力を増すゆえんであって、我が貿易発展のよすがともなるのである。

最後に、我が国の対外輸出入貿易における南洋貿易の地位がどんな役割を演じているか、最近数年間の統計を掲げてみよう。

| | 総輸出入貿易額（千円） | 対南洋輸出入貿易額（千円） |
|---|---|---|
| 昭和七年 | 二、八四一、四五三 | ― |
| 同八年 | 三、七七八、二六五 | ― |
| 同九年 | 四、四五四、四五四 | 四五三、三七四 |
| 同十年 | 四、九七一、三〇九 | 四八七、九〇四 |
| 同十一年 | 五、四五六、六五七 | 五六五、〇四四 |
| 同十二年 | 六、九五八、五九五 | 七五九、二九三 |

我が総輸出入貿易に対し、対南洋貿易は一割以上の地位を占め、年額五億円以上、七億円以上に達している。次に輸出入を別にした総計を掲げてみると、

| | 総輸出額（千円） | 対南洋輸出額（千円） |
|---|---|---|
| 昭和七年 | 一、四〇九、九九二 | 一五九、一三八 |
| 同八年 | 一、八六一、〇四六 | 二四九、六一四 |
| 同九年 | 二、一七一、九二四 | 二八八、二三四 |
| 同十年 | 二、四九九、〇七三 | 二八六、三二七 |
| 同十一年 | 二、六九二、九七六 | 二九〇、二七一 |
| 同十二年 | 三、一七五、四一八 | 三八五、七〇〇 |

| | 総輸入額（千円） | 南洋輸入額（千円） |
|---|---|---|
| 昭和九年 | 二、二八二、五三〇 | 一六五、一四〇 |
| 同十年 | 二、四七二、二三六 | 二〇一、五七七 |
| 同十一年 | 二、七六三、六八一 | 二七四、七七三 |
| 同十二年 | 三、七八三、一七七 | 三七三、五九三 |

## 日本茶と回教徒

アメリカ合衆国の独立は、茶の課税からその革命の端《たん》を発したことを知らねばならぬ。春秋《しゅんじゅう》の筆法《ひっぽう》をもってすれば『中国産の紅茶、アメリカ合衆国を独立せしむ』といわねばならない。それはお茶だけのもつ偉力の片鱗《へんりん》なのである。と、茶物語の著者は、こう伝えている。

茶が世界十六億人の飲料品となってからは、大小の差こそあれ、各国人の台所や応接間にかくべからざる必需品として愛飲されている。また、蒙古人や回教徒にとっては、一日もかかすことのできない重要な役割をつとめており、その生活から茶をとり去ると、たちまち闇の世界となってしまうほどである。

回教徒は緑茶を非常にたしなみ、とくにアフリカ北部の一帯では予想外の消費が行なわれている。喫茶の大体からいえば、紅茶は欧米の白色人種で、緑茶はアジア人によって消費されている。この地方が熱帯または亜熱帯であり、新鮮な野菜の不足と、アジア系統に近い有色人種であるために、緑茶に傾いているというほかはない。モロッコのごときは緑茶一点張りである。エジプトは紅茶を賞味《しょうみ》する。これは英国の植民地である関係から、英国系の紅茶を飲む。イランは緑茶。アフガニスタンも緑茶で、宗教上から禁酒の掟が守られているので、緑茶の需要は相当額に達している。ロシア国内には百数十種の雑多な民族が住んでいるため、輸入する茶の種類も多いが、その回教圏に属するところ、いわゆるトルキスタン地方では絶対に緑茶である。中国に属しているが、ロシアの匂いのする地方に新疆《しんきょう》がある。ここもまた、有教な回教徒の居住地帯で、紅磚茶《こうせんちゃ》の需要が多い。いずれにしても、回教徒と緑茶とは特別に深い関係がある。

我が国における製茶《せいちゃ》は、これまであまり顧《かえり》みられなかった。なんとなれば、国内における茶の生産高は一千三百万貫であり、輸出金額も三千万円たらずだからである。業者百二十万人の間でこそ重要産業と叫ばれてきたが、専門的の茶業地域せまく、また一年を通じての仕事でもない。輸出商品の列位《れつい》からいっても、十数位《すうい》というところにあるので、雑貨などと同様の扱いを受けやすかった。安政年間の茶の輸出は四十万斤で生糸や絹糸《けんし》とならんで貿易品の横綱格であったが、今日、絹物とはまったく桁《けた》はずれのへだたりを見せるにいたった。けれども、今次の聖戦によって、茶業は日中両国間における産業上、もっとも重大なる意義をもつにいたったのである。

緑茶の生産は日中両国に限られており、インドその他熱帯地方の茶樹では良質の緑茶はできない。インドは紅茶の産地で、有名な『リプトン紅茶』の原産地である。今や茶業は日中両国一元《いちげん》となり、その供給は統制《とうせい》せらるべき機運が動いているのである。緑茶は回教徒の生活には絶対的に必要品であるため、今後回教徒を通じて日本茶の世界的進出がなされることとなろう。

最近における回教国への茶輸出統計《ちゃゆしゅつとうけい》を掲げると、

| | 日本緑茶（ポンド） | 中国茶（担） |
|---|---|---|
| アラビア | 一、四〇〇 | — |
| イラク | 三八、〇〇〇 | — |
| エジプト | 三〇六、八一八 | 二二三 |
| トリポリ | 一、八五四、六七三 | 三九三 |
| アフガニスタン | 一、三六二、五一五 | — |
| アルジェリア | 三〇八、三〇二 | 一八、一二九 |
| チュニジア | 八〇、三六九 | 三、〇七〇 |
| モロッコ | 一五、三七五 | 八五、三五七 |
| フィリピン | 二一、三二五 | 八八八 |
| ソビエト | 六、一七〇、一〇八 | — |
| インド | 一、三六二、五一五 | 七、五四六 |

## 回教諸国と我が経済ブロック

回教諸国との通商貿易はまったく焦眉《しょうび》の急《きゅう》というべきであろう。ひるがえって、我が国の世界各国との対外貿易に眼を転じてみるならば、決して現下《げんか》の状勢は等閑視《とうかんし》を許さないものがある。

各国は経済ブロックを結成して対抗しつつある。例えば英国は英国で、本国は小さいけれど多くの植民地、自治領を一つにまとめて、イギリスの経済ブロックというものができた。またロシアのごときも豊富な資源を擁《よう》しているから、自給自足のできる一つの経済ブロックをなしている。この世界情勢に対して、日本も自給自足の政策を講じているが、これははなはだ至難な問題である。日本、満州、華北、華中を一丸とした経済ブロックの結成も可能であるが、それだけではまだ不足である。これを強化すべきものがなければならぬ。それが回教国、回教圏である。

現在、我が対外貿易は、日本、満州、華北の円ブロック内においては、日本がよほど輸出超過になっているけれども、満州国および華北以外の国に対する日本の対外貿易は非常に輸入超過である。円ブロック内における輸出超過は円紙幣にて決済せられ、円ブロック外の諸国よりの輸入超過に対しては、金をもって支払わなければならないから、日本の対外貿易は苦境にある。これを突破するには、金を得る方法を講《こう》じなければならない。ここに、回教圏との貿易促進の要諦《ようてい》がある。

現在においてもこれらの諸国に対しては、日本が輸出超過の傾向にあるが、それ以上に回教圏諸国との貿易の進展をはかって、対外貿易のバランスをなるべくすみやかに調整することが必要である。

この意味からでも回教国との貿易増進は目下《もっか》の急務というべきであろう。

# الفصل ٨

# 結論

# Conclusion

# 結論

ここに、回教徒および回教民族のいかなるものであるかがほぼ了解されたことであらう。

宗教、政治、経済、軍事、社会その他一切の事象《じしょう》を回教の経典によって統一し、これをもって回教の生活原理、治世の大訓《たいくん》となし、一朝機運《いっちょうきうん》到来せんか、たちまち宗徒《しゅうと》としての団結を結成してことに処するの気概をもっているのである。この気概があればこそ、『明日の世界勢力』として、三億五千万の回教民族が勃然《ぼつねん》と起ちあがるときが必ずや到来するであらう。かつて、アラビアの一角より起こり、数十年ならずして、アジア、ヨーロッパ、アフリカ三大州にまたがる大国を建設し、絢爛《けんらん》たる大サラセン文化を築いたその事蹟を見ても、彼らの宗教精神の建設的なることが明らかである。

したがって、我が国と彼ら三億五千万の回教民族との接触は、アジア復興の大使命達成に、いかに重大なる意義を有するものであるかは、聡明《そうめい》なる我が国民の理解にまつまでもないであらう。

（完）

# ٩ الفصل

# 付録

# Appendix

## 日用アラビア語

一　ウアハッド
二　イスナイン
三　サラーサ
四　アルバア
五　ハムサ
六　シッタア
七　サブア
八　サマアニヤ
九　テサア

| | |
|---|---|
| 十 | アーシャラ |
| 男 | ラジョル |
| 女 | マルア |
| 男児 | ウワラッド |
| 女児 | ビント |
| 日曜 | アハッド |
| 月曜 | アルイフナイン |
| 火曜 | アッサラサア |
| 水曜 | アルアルビイア |
| 木曜 | アルハミース |
| 金曜 | アルジュムア |
| 土曜 | アスアブト |
| 春 | アラビーア |
| 夏 | アッサイーフ |
| 秋 | アルハリーフ |
| 冬 | アシュターア |

**東**　アッシャルク
**西**　アルガルブ
**南**　アッゾッフル
**北**　シマル
**耳**　オズオン
**目**　アイン
**鼻**　アンフ
**口**　ファンム
**太陽**　シャムス
**月**　カマル
**おはようございます**　サバアアルハイル
**こんにちわ（午前・午後）**　ナハラクサイド
**さようなら**　イラリッコー
**こんばんわ**　マサハルヘール
**おやすみなさい**　レーラトンサイーダ

## 大日本回教協会趣意書

回教は単に世界三大宗教の一たるにとどまらずその信条にもとづく特殊の社会規範は回教徒をして世界における一種の宗教民族たらしめたり。しかもかつて歴史上に光輝を放ち世界の文化に貢献するところありしこれら回教民族の数は現に三億の多数を算《さん》しその分布地域は発祥地アラビアをはじめとしアジアを中心として広く全世界にわたれる現状にしてアジアに国をなす我が日本が回教徒および回教圏の実情を等閑視《とうかんし》すべからざるは何人といえども疑を容れざるところなり。

顧《かえり》みるに従来我が国においては一般に回教に関する知識を欠如し他方回教徒もまた我が国文化躍進の真姿について認識を深むるの機会とぼしかりしははなはだ遺憾を感ぜざるを得ざるところなり。しかるに輓近《ばんきん》回教民族の自覚復興とくに活発にして彼我《ひが》の来往頻繁を加えまた従来のごとき事態の放置を許さざるにいたれりよって我らは回教問題の根本的調査研究を行ない我が国民に回教諸国の実情を知らしむるとともに世界の回教徒に向かって我が国文運の真相を伝え相互の通商貿易を助長しもって彼我の親善関係を増進しあわせて世界の平和に寄与するところあらんとす。これ本協会設立の趣旨にして我らはこの企図が時運の要求する急務としておおかたの賛同を得べきを信じて疑わず。

## 会則抜粋

**第三条** 本会は我が国および国民と世界における回教国および回教徒との親善融和および相互の福祉増進をはかるをもって目的とす

**第四条** 本会は前条の目的を達成するため回教徒関係諸問題の調査および研究、文化の相互紹介、所要人材の養成、彼我《ひが》通商貿易の促進その他必要と認むる各般の事業を行なう

**第十条** 本会は本会の趣旨に賛しその目的達成を期する会員をもってこれを組織す会員をわかちて左の五種とす

**一、名誉会員**

評議員会において推挙したる者

**二、維持会員**

本会のため特別の功労ありたる者にして理事会において推薦し会長の同意をへたる者

または特別の維持費を寄付したる者

**三、賛助会員**

本会のため特別の後援をなしたる者にして理事会において推薦し会長の同意をへたる者

または特別の賛助金を寄付したる者

**四、特別会員**

本会のため金五百円以上を寄付したる者

または本会のため勤務したる者にして理事会において推薦したる者

**五、普通会員**

会費として年額金十二円を納入する者（十年間継続納入したる者は爾後《じご》会費の納入を要せず）

または一時に金一百円以上を納入したる者

**第十一条**　維持会員、賛助会員および特別会員は第十四条の規定により本会の役員たり得るものとす
名誉会員、維持会員および賛助会員は会務に関し本会役員と同様の報告を受くるものとす
各会員は本会機関誌その他本会刊行物の頒布を受くるものとす

大日本回教協会発行機関誌

# 回教世界

月刊　定価金五十銭

イスラム諸国研究の重要性は東亜新秩序建設の進展とともにますます加わってきた。回教民族、宗教、経済、産業、国際事情、回教圏の動向、読み物等々の各分野にいたるまで完璧の内容。広範囲にわたる回教問題の研究書として好評嘖々《さくさく》。購読ご希望の向きは直接本会または最寄の書店にお申込みください。

初版本奥付

昭和十四年十月二十五日　印刷
昭和十四年十一月一日　発行

# 【回教圏《かいきょうけん》早わかり】

定価二十銭

著者　大日本回教協会

発行者　東京市麹町区麹町一丁目八番地
川原信一郎
印刷所　東京市芝区西久保巴町七〇番地
安久社
印刷人　東京市芝区西久保巴町七〇番地
福井安久太
発行所　東京市麹町区麹町一丁目八番地
大日本回教協会
電話九段二二〇七番
振替東京六一六三三番

著者紹介
大日本回教協会
発祥地のアラビアからアジア、全世界に広がった世界三大宗教のひとつイスラム教。大日本回教協会はその調査研究を行ない、日本国民にイスラム諸国の実情を知らしめ、世界のイスラム教徒に向かって日本の真相を伝えることで、両者の親善を目指した。一九三九年、『回教圏早わかり』出版。

・本書はオンデマンド印刷で作成されています。
・本書の内容に関するご意見、お問い合わせは、発行元の
まちごとパブリッシング info@machigotopub.com までお願いします。

回教圏早わかり (Classics＆Academia)

Digital Publishing

2017年11月14日　発行

著　者　　大日本回教協会
発行者　　赤松　耕次
発行所　　まちごとパブリッシング株式会社
〒181-0013　東京都三鷹市下連雀4-4-36
URL　http://www.machigotopub.com/
発売元　　株式会社デジタルパブリッシングサービス
〒162-0812　東京都新宿区西五軒町11-13
清水ビル3F
印刷・製本　　株式会社デジタルパブリッシングサービス
URL　http://www.d-pub.co.jp/

MP187

ISBN978-4-86143-321-4 C0014　　Printed in Japan